58の物語で学ぶ
リーダーの教科書

川村真二

日経ビジネス人文庫

文庫版　まえがき

集団の優劣は、リーダーの優劣で決まります。

稀《まれ》に、幸運に恵まれた未熟なリーダーが高い業績を上げることがあります。でも、それは一時のことです。

少し長い目で見れば、優れたリーダーがみごとなチームワークを発揮させて積み上げる業績にははるかに及びません。

本書は、実在の人々の活躍からみごとなリーダーシップはどのように生まれるかを明らかしたものです。

ありがたくも単行本が好評を得て、今回文庫本になりました。

新たにリーダーになる方、すでにリーダーの職責にいる方にご参考にしていただければ光栄です。

さて、あなたが、上司から次のように告げられたらどのような気持ちになるでしょうか。

「君に、来月からリーダーになってもらう。率いるメンバーは20人。新人、同僚、問題社員、君の元上司、先輩もいる。目標を達成し、人材育成、職場改革も頼む。他部門との調整、上司の補佐、トップへの提案、顧客交渉もある。君はリーダー初経験だが、ぜひ、頑張ってくれ」

おそらくは、「よし、期待にこたえよう」と思いつつも、列挙された多くの役割に、「私は本当にリーダーが務まるだろうか」と当然、不安を感じるはずです。

不安解消の前提は、求められたリーダーの役割の根幹を理解しておくことです。

役割の根幹は、メンバーやチーム全体の目標達成を追求し、衆知を集め、人々のもてる力をフルに発揮させることにあります。

突き詰めると、不安は、人々の衆知を集め、彼らにベストを尽くさせるような働きかけが、果たして自分にできるか、ということです。不安に対する答えは2つです。

1つは、誰もが、不安を抱きながら、リーダーという価値ある役割を引き受け、試行錯誤し、すぐれたリーダーになれた事実が無数にあるということです。あなたも例外ではありません。不安はつきものと思い定め、前へ踏みだし、リーダーになり、不安を後ろへ捨て去るのです。

もう1つは、すぐれたリーダーになるための努力をすることで、それは3つの事柄に集約できます。

1つ目は、すぐれたリーダーになろうと決心すること。

2つ目は、リーダーシップの方法をマスターすること。

3つ目は、目標達成のためPDCA（Plan Do Check Action）を回し続けること。

リーダーシップの実務研究を、私はささやかながらずっと続けてきました。本書は、研究の過程で得た、すぐれたリーダーやリーダーシップの方法について、長短58の物語で明らかにしています。３つの事柄もそこから抽出したものです。

登場するリーダー（敬称略）は、著名な経営者から新人まで各階層、多様です。彼らが、いかに考え、働きかけ、人々の心を動かし、協力を得て、目標を達成したかを書いてあります。この小著の中にすぐれたリーダー像を見出し、さきの不安を消し、リーダーとして前進する力を得ていただければ幸せです。

本書に登場していただいた各界のリーダーの皆様、また、ご多忙の中、快く取材に応じ貴重なお話を賜った方々に心からお礼申し上げます。

読者皆様のますますのご活躍、成功を心からお祈りいたします。

２０１４年2月

川村真二

58の物語で学ぶリーダーの教科書　目次

第1章　リーダー・マインドを磨く

第2章 PDCA能力をつける

第3章 リーダーシップ発揮の13ステップ 小倉昌男は宅急便をどう成功させたか

第4章 人の心を動かす

第5章 部下を成功者に育成する

第6章 上司を補佐する

第7章 困難を突破する

カバー・本文デザイン 荒井雅美（トモエキコウ）

プロローグ

リーダーになる不安を除く法

山下俊彦、大抜擢のかげで

リーダーになるとき、あるいは高位に上るとき、その任の遂行に絶対的な自信がある人は少ないでしょう。**誰もが多少の不安を感じながら、そして試行錯誤しながら、しだいにすぐれたリーダーになっていきます。**

story-01

１９７７年1月、松下電器産業（現、パナソニック）取締役エアコン事業部長の山下俊彦は、創業者である相談役・松下幸之助から社長就任の要請を受けましたが、即座に断りました。

断った理由は、トップにふさわしい先輩が自分の上に多数おり、また、松下の事業はあまりに大きく、社長職の荷は重すぎる、器にあらず、と思ったからです。彼は、松下の取締役26人（副社長４人、専務５人、常務４人、平取締役13人）のうち、下から２人目の25番目の立場でした。取締役になってからわずか3年目でした。

２日後に、再度、幸之助から要請がありましたが、やはり山下は丁重に断りました。その夜にはさらに、松下正治社長（幸之助の娘婿）から電話で要請されましたが、断りました。

就任要請を受けた当時のことを、山下は後年、『ぼくでも社長が務まった』（東洋経済新報社）の中で、以下のように正直に述べています。

「月1回の役員会に出ていても、松下全体がどういう方向に進んでいるのかについて、あまりきかされていなかったし、関心もなかった」

彼はまた、仕事一辺倒でなく、登山、碁など多くの趣味に生きたい人でもありました。

再三の要請に、山下は、この問題を長引かせるのはよくないと考え、翌日、自分から幸之助の部屋を訪れ、もう1度きっぱりと断りました。山下の決意の固いことを知った幸之助は、

「もうこれ以上はいわない。会社は困るけど、もうそれでよろしい。しかし、ぼくとしては本気できみに話したことや。余程のことやと思って、そのことだけは忘れんといてくれ」

と言いました。幸之助が求めた仕事は松下の再生であり、改革でした。山下は期待にそえないことを深くわびて廊下に出ました。自分の部屋に戻ろうと歩きはじめると、正治社長に呼び止められました。幸之助から正治社長へ、「呼び止めて説得せよ」とのすばやい指図があったのです。

山下は、社長室で繰り返し説得を受けました。それでも社長にふさわしい先輩たちがたくさんいる、私は器にあらずと、就任を受けませんでした。

それからさまざまな人たちから就任要請がありました。労働組合からもありました。一方で、「きみが社長になったらおれに命令できるか。おれきかんで」などという先輩もいて、山下はますます不安にかられました。

先輩24人を飛びこえて大任を受けたとしても、四方八方からくる雑音、また事業の重みを背負いきれず、自分が自分でなくなり、みじめにつぶれていく姿ばかりが山下の脳裏に浮かんだに違いありません。しかし、山下は悩んだ末に、社長就任を受けました。彼にどのような心境の変化があったのでしょうか。

当然、経営者として自分がトップになった場合、本当に責務を遂行できるか徹底的に計算したでしょう。しかし、これはこう、あれはこうと山下の明晰《めいせき》な頭脳をもってしても、変化要因が多くて、将来のことはとても読みきれるものではありませんでした。

そこで、山下は思い定めたに違いありません。

これは、天から下されたテーマ、もはや自分の力では避けて通れないもの、だとすれば、自分をあくまで頼りとしてくれる一代の名経営者・松下幸之助、そして正治の期待にこたえよう、それはある意味、人としての本望ではないだろうか、と。

そして、やる以上は**必ず松下をよりよい会社にすると腹を決め、全力投球し、1期2年で辞める、と覚悟しました**。

それまで自分の事業部のことしか頭になかった山下は**一段高い経営者マインドに気持ちを切り替え**、はじめてトップ経営者として自社を分析しました。

会社は増収増益でしたが、営業利益率が低下し続け、高コスト体質で官僚化し、風通しの悪い大企業病にかかっていることを知りました。

大企業病を克服し、さらなる発展という責務を果たすため、山下は生来の温厚さを捨て、トップリーダーとして、改革推進を全社員に訴えました。

――名門松下電器は過去の栄光である、今こそ創業の精神をもって挑戦すべし――

改革のネックになる大先輩の副社長3人を退任させました。幸之助の事前了解は得ましたが幸之助の力は借りずに、山下が3人に引導を渡しました。**心中で手を合わせながら、決然として経営者・山下は進みました。**

組織活性化策、事業戦略を次々に打ち出し、ドラスチックに改革を断行し、松下を家電メーカーから総合エレクトロニクスメーカーへと脱皮させていきました。

山下は結局、9年間、社長を務め、幸之助らの期待にみごとにこたえました。

story-02

私の知人でも、せっかくトップリーダーへの道が開かれたのに断った人がいました。K社の経営企画担当A取締役です。私と飲んだとき、Aは言いました。

「実は昨年、社長から常務取締役就任の要請を受けました。でも断りました。ご存じのとおり私の先輩で常務のBさんがいます。Bさんは非常に優秀で、私はとても彼と肩を並べることなど恐れ多くてできません。それに世間で常務といえば、相当な人ばかりですからね。器ではありませんとお断りしました」

社長はAの謙虚さに驚いたようですが、重ねて常務就任の要請はありませんでした。

「それでただの取締役にとどまったのですか。もったいないことです」

私は、正直な感想を口にしたあと続けました。

「あなたが優秀だから、社長は創業者の会長と相談して常務にすえようとしたのでしょう。会長の発案であったかもしれませんね。Aさんの会社は、会長の娘婿が3人も取締役になっていますよね。皆さん、年齢的にはAさんの後輩ですね。いずれその中から社長が出るでしょうが、上場を目指すパブリックカンパニーという視点からは脆弱《ぜいじゃく》な印象になりますし、また、血縁で役員が決まる会社ということでは社員のモラール（士気）にも影響を与えます。たぶん会長は将来の新社長の相談役、補佐役、ご意見番としての役割をAさんに期待していたのだと思います。今度チャンスがあったらぜひお受けになってください。血縁者でなくても努力すればAさんのように上にいかれるという実例を見せることは大事です」

「でも、私は常務の器ではないですよ」

と彼は笑いました。

「そうですか。Aさんの謙虚さは立派ですが、十分やっていけると思いますよ」

それから話が20分ほど別の方にいきました。しばらくして私は、

「それにしても常務の話ですが、今度就任要請があれば、お受けになるべきですよ」

と水を向けました。彼はそれには答えず、

「実は、私は話し方教室に通っています」

と話題を変えました。

「ああ、そうですか。どうりでお話が上手だと思いました」

公式の席でAの話を私は何度も聞いていました。論旨明快、説得力に富んでいました。ですから、あるがまま、Aの話はうまいと言いました。するとAはとても喜んだようすでした。

「本当ですか」

「いや本当ですよ」

「何かアドバイスはありませんか」

「あえて言えば、少し声が小さいです。もう少し大きな声でお話しいただければさらに説得力が増すと思いますよ」

「うれしいですね。そうおっしゃっていただけて」

「いえ、ところで、常務の話、今度またあったらですね……」

するとAは、さえぎるようにして言いました。

「私が、話がうまいという自信があったら、常務はおろか社長にだってなりますよ」

私は内心驚きました。Aが常務の話を断ったのは実は謙虚さではなく、自分の話のし方が他の役員たちと比べてうまくない、むしろ、劣ると思ったからでした。話のし方以外は自分ほどの器量をもったものは社長を含めていない、というのが彼の本心でした。

彼は恐れたのです。請われるまま常務に就任しても、人前でうまくしゃべれず、質問に的確に応答できなければ、非難を浴び、擦り切れ、壊れていくことを。Aは誠実な人ですから、会社にも申し訳がないという思いも当然あったはずですが、それ以上にトップリーダーとしての失敗を避けたい気持ちが強かったのです。

「器でない」というのは表面的な理由で、真実は、わずかに劣る能力のまま高位に上り、失敗したくないということでした。

ただ、この人のみごとさは、51歳にしてひそかに話し方教室に通って弱点克服の努力をしていたことです。

彼はその後も会社に内緒で話し方教室に通い、1年後、再度の常務就任要請に自信をもってこたえました。以来13年、会長の娘婿たちのよき補佐役、相談役、お目付け役を果たし、最後は副社長まで務め上げ、会社の大発展に貢献しました。


リーダーとしての見識、能力を最初から備えている人はただの1人もいません。それに失敗は誰でもいやです。

山下とAのケースから、リーダーになる際の不安解消法を整理してみましょう。

1つ目は、トップ・上司から確かな信頼が寄せられているかどうかです。単なる年功による就任ではなく、リーダーとして信頼され「託されること」があるかです。委任される具体的仕事があれば高い信頼を得ているといえるでしょう。この他、信頼の有無や程度は、トップ・上司の就任要請への熱意や自分とトップ・上司、部下、他部門、得意先との人間関係、自分の実績、キャリアといったものを客観的に棚卸しすればわかります。

山下もAも、トップからの信頼という条件は間違いなくクリアしていました。信頼の薄いままでは、いざとなったときリーダーとして思いきった仕事はできず、行きづまってしまいます。

2つ目は、不安の真因をやはり自分に問うてみることです。表面的には山下もAも「器にあらず」ということでしたが、Aの場合は自分の能力的劣等感でした。そこでAは自分の弱点をカバーする勉強を開始して、この不安を解消し、リーダーの道に進みました。

山下の場合は、同じ「器にあらず」でも、大企業の社長就任というあまりに巨大な責務に対しての精神的重圧に加えて、生き方の問題がありました。仕事は重要ですが、あとは趣味に生きたいというものです。これに関しては、実際、社長になっても17時の定時退社を守り、また、工夫して時間をつくり、趣味の登山を楽しむことで解決しました。

この2人の例からもわかるとおり、不安の要因も工夫、努力すれば何とか取り除くことができるのです。

３つ目は、つきつめれば2人とも、**リーダーとして失敗することを恐れた**ということです。

でも、２人は恐れを振り払ったのです。振り払うことができたポイントは、後にAが言っていた**「無私の精神」にある**のだと思います。

「会長から『会社を頼む、社員を頼む、娘婿たちを頼む』と言われて、**個人の功名は忘れました。正確にいえば、後ろに追いやりました。すると怖いものがなくなりました**」

山下も同じであったはずです。Ａは中堅企業の常務、山下は世界的大会社の社長とその立場は違いますが、２人ともトップマネジメントとして、**無私の精神を中心にすえ、失敗の怖さを払いのけました。リーダーとしての技量は不十分かもしれないが、経営者、部下（人々）の信任にこたえ、己を磨き、部下（人々）の協力を得て組織目標を達成しようと思いました。**精一杯自分の力を尽くし、成否はあとのことと思い定め、リーダーへの道を歩みはじめたのです。

第1章

リーダー・マインドを磨く

1 全体の成功を求めるリーダー・マインド

「経営者・稲盛和夫」の誕生

リーダーとプレーヤーは、別種の役割をもっています。

簡単にいえば、リーダーの役割は、組織目標達成のためにチームワークをつくり出すことです。対して、プレーヤーの役割はチームワークを大切にしながらも、基本は自分個人の目標達成のために仕事をすることです。

組織目標の達成は、人の協力を得てはじめて可能で、協力を得るにはリーダーシップの発揮が必要です。

リーダーシップとは、リーダーが、組織目標達成のため、部下（人々）の衆知を結集し、かつ、部下（人々）の能力をフルに発揮させるよう働きかけることです。

ところが、リーダーシップは、しばしば誤解されています。代表的な誤解は、リーダーシップとは、常に人々の先頭に立って、誰よりも働き、誰よりも的確に指揮し、すぐれたアイデア、意見を出すことである、といったものです。そのようなことは超人にしかできないでしょう。

リーダーシップの本質は、人々の能力、知恵を引き出し、組織目標達成のためにベストを尽くしてもらえるように働きかけることです。その意味でリーダーシップには特異な才

能は必要なく、努力さえすれば誰もが身につけ発揮できるものです。

つまり、リーダーとしてのマインドをもち、リーダーシップ発揮の要領を習得し、素直に人の話に耳を傾け、人々と知恵を出し合い、最善と思われる意思決定をし、決めたこと、約束したことを守り、力をあわせて目標達成に向けて粘り強く行動し続ければ、それが、リーダーシップの発揮、そのものということです。それをできる人が名リーダーになります。

さて、リーダーとしてもつべき**リーダー・マインド**とはどのようなものでしょうか。

story-03

日本を代表する優良企業の1つ、京セラ（当時は京都セラミック）は、1961年、創業3年目の春、前年に入社した高卒者11人の反乱にあいました。彼らは、突然、創業者の稲盛和夫に賃金アップ、ボーナス支払いの確約を求め、要求が認められなければ全員辞めると言い出したのです。

11人は、入社から1年間、言われるままに休日出勤などもしたが、苦労ばかりで少しも報われない、稲盛さんは、従業員はパートナーというが、こき使うばかりで、ちっともよいことはなく、信用できない、と言うのです。

稲盛は、君たちの働きには感謝している、いつか成功して、必ず報いるから、信用してついてきてくれと3日間かけて説得しました。しだいに稲盛を信用しようという者が増えていきました。最後までどうしても信用しないという若者が1人だけいました。稲盛は言いました。

「もし、私がいいかげんな経営をし、私利私欲のために働くようなことがあったなら、私を殺してもいい」

その1人は泣いて、稲盛の手を握り、信用すると言い、11人全員が会社に残ることになりました。

この当時、稲盛の念頭にあったことは、自分がつくったセラミックを世に問いたいという一心でした。しかし、11人との激論を通して、こんな小さな会社でも、社員は一生を託したいと考えていることをはじめて認識しました。経営者でありながら、うかつにも気づいていなかったのです。

ここで稲盛のマインドは、己の技術力を世に知らしめたいという一技術屋のマインドから、一挙に経営者・稲盛和夫のあるべきマインドに飛翔したのです。

稲盛は経営理念を掲げました。

「全従業員の物心両面の幸福を追求すると同時に、人類、社会の進歩発展に貢献する」

やがて、京セラを大企業に成長させた稲盛は、84年6月、第二電電企画（第二電電を経て、現、KDDI）を設立しました。それは、82年に第2次臨時行政調査会から電電公社（日本電信電話公社。現、日本電信電話＝NTT）の分割民営化の答申が出されたことが背景にありましたが、それ以前から、稲盛は、諸外国に比べて日本の電話料金が非常に高く、事業発展、国益を阻害すると痛感していたのです。

稲盛は、財界を代表する大会社が連合体をつくり、通話料の値下げにつながる事業を立ち上げてくれることを期待しましたが、あまりにリスクが大きく、誰も手をあげませんでした。京セラは急成長してきたとはいえ、当時の電電公社の売り上げ、従業員規模では月とスッポンほどの差がありました。また、通信事業は京セラの本業からかけ離れた分野で、稲盛自身も通信技術に関する知識はほとんどありませんでした。

しかし、稲盛は、ベンチャー企業出身の経営者がチャレンジするべきと思い、同志を集めて研究をはじめました。議論を進める中、かすかな希望が湧いてきました。

このとき、稲盛は、こうした大事業には、仲間の心を奮い立たせるような高邁な志がなければならない、それは自分にはあるのかとあらためて考えました。

稲盛は自分の本心を確かめるため、毎晩ベッドに入る前、6カ月の間、「動機善なりや、私心なかりしか」「国民の利益のためにという動機に一点の曇りもないか」

などと、自らに問い続けました。そして、世のため人のために尽くしたいという純粋な志が微動だにしないことを確かめ、この事業に乗り出す決心をしたのです。

京セラ、ウシオ電機、セコム、ソニー、三菱商事の5社が発起人になり、合計25社が株主となってくれました。設立パーティーの席で稲盛は次のようにあいさつをしました。
「ここに来て電電公社も民営化され、通信事業への新規参入も認められ、100年に1度の大転換期を迎えています。高度情報化時代において、我々は国民大衆のため、日本の通信料金を引き下げなければなりません。1度しかない人生、私は生命をかけてこの事業を成功させます」

人の気持ちは、何かを知ることからはじまり、考え、習うことで深まり、行動し、経験して深化し、やがて価値観が形成されます。価値観とは、何かを大切にすることで、大切にしている事柄が価値です。

図のAマインドは、Aの情報、知識を得、Aに欲求を感じ、Aを大事に思う価値観をもつことを意味します。

稲盛のAマインドは自分のセラミックを世に認めさせたいということでした。

Aマインドは A目標を設定し、A目標達成のために、A能力を磨き、計画し、Aの行動を起こします。ステップでみると、①Aマインドの形成、②A目標の設定、③A能力の獲得、④A目標達成の計画づくり、⑤Aの行動、となります。

注目すべきは、すべてのステップをAマインドが支えているということです。マインドが強まれば、A能力アップやAの行動が強くなり、逆に「やっても意味がない」とマイン

リーダー・マインドへの成長と能力、行動、目標の拡大・進化

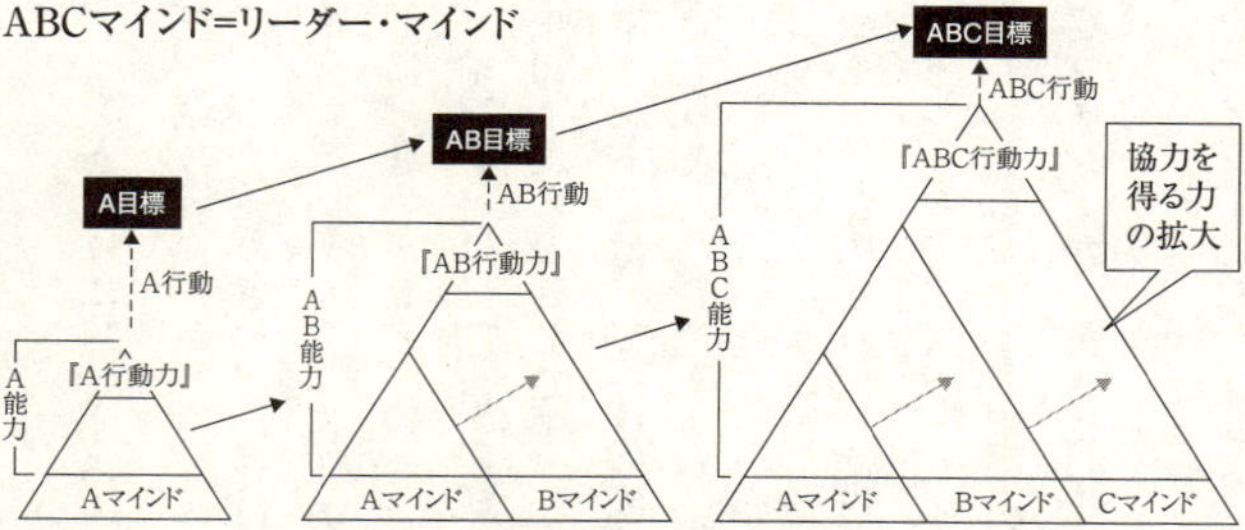

（マインド・能力を横から見た図）

1. マインドが能力の発揮（行動）を司っている
2. マインドの成長は主に情報収集によって起こり、目標の拡大、進化を生む
3. 目標が拡大、進化するとその目標達成のため、能力の拡大、進化が起きる
4. 能力不足のとき、協力を得る力、即ち、リーダーシップが必要になる

ドが弱まれば、Aの行動も弱まり、「あきらめよう」と考えれば、行動はやみ、Aの目標達成もできなくなります。

はじめ、Aマインドだった人が、Bを知ります。すると、欲求Bが生まれ、Bマインドが形成され、以下はAのときと同じように拡大、進展し、B目標を設定し、達成計画を立案し、能力を磨き、Bの行動を起こします。正確にいえばAプラスBの行動になります。

稲盛のBマインドは、社員の成功を支援したいということでした。でもそれは、力不足で実現していませんでした。そこを11人に鋭く突かれたのです。

Aマインドの目標・能力・計画・行動に、Bマインドの目標・能力・計画・行動が加わります。これが成長するということ

です。

Aマインドだけに終始する人、AプラスBの人、さらにCをプラスし、ABCマインドになる人もいます。

さて、ごく割りきっていえば、**Aマインドとは「自分の成功を考える心」です。**はじめに、自分の成功ありき、自分の欲求、価値観の満足です。通常、これなくしては、次のマインドには進めません。

Bマインドとは、「相手の成功を考える心」です。相手とは、目の前にいる個人、もしくは仲間、人々のことです。

Cマインドとは、「全体の成功を考える心」です。自分も相手も、その他の人々も包含した全体の成功です。Cマインドは、自分のチームの成功、部門の成功、全社の成功を目指します。

Cマインドが広がれば、稲盛のように、社員の幸福と全人類、全世界の平和、幸福を目指すマインドになります。

ABCマインドが、自分のみならず相手、相手のみならず全体、その中でも**「全体」に大きな比重をおいたまさにリーダーとしてもつべきリーダー・マインドです。**

ABマインドにCマインドが加わり、価値観が拡大し、目標も大きくなると、目標達成のための能力の習得が、間に合わなくなります。

心は大きな価値観、愛であふれていながら、能力不足のためそれを満たせないのは悲しいことで、何とかCの能力を習得する必要があります。

習得すべきCの能力とは人の協力を得られる能力、すなわち、リーダーシップ能力です。

自分に与えられた時間は限られており、あらゆる専門能力をマスターするのは不可能です。Cの目標達成に役立つすぐれた専門能力をもった人の協力を得ることが重要です。

このリーダーシップ能力をもてた人は大きな成功をします。

アメリカを代表する経営者で、事業家として大成功し鉄鋼王といわれ、他方、教育事業、慈善事業に力を尽くし、図書館、病院、研究所、公園、公会堂、カーネギーホールやカーネギーメロン大学などを寄付した大富豪アンドリュー・カーネギーは、生前自ら墓碑銘を書きました。

「ここに、おのれより賢い人々を集めるすべを知っていた1人の人間が眠る」

彼自身が自分の生涯を一言で語ろうとしたとき、事業の大成功や数え切れないほどの社会奉仕活動をあげず、自分よりすぐれた人の協力を得たことを高らかに述べたところに、この人の真骨頂があります。またこうも言っています。

「人間は、すぐれた仕事をするためには、自分一人でやるよりも、他人の助けを借りる方が良いものだと悟ったとき、その人は偉大なる成長をとげるのである」

彼はイギリスの新聞記者との会話の中で、**もしすぐれた人の力を借りられなければ、自分は成功者になることはできなかった**と語り、さらに言いました。

――たとえば、自分が不幸にあって、今の全財産を失うか、それとも、今の人材を失うか2つに1つの選択をしなければならない状況に遭遇したら、私は全財産を捨てる方を選びます――

人の協力さえ得られれば、また、成功することができるからです。

2 経営理念はリーダーシップの原点である
ジョンソン・エンド・ジョンソンの「我が信条」

リーダーの使命は、経営理念、経営目標をふまえてリーダーとして担当組織の目標を達成することです。

経営理念は経営の目的、指針であり、リーダーシップ発揮の根本を支える思想です。

story-04

ある会社で電子メールの書き方という講座を担当したことがあります。電子メールの実際の悪い事例を紹介しながら、模範的書き方を演習で習得するというスキルアップの研修です。電子メールの改善は、業務効率、職場のモラールの向上に有効であると、管理者のMが主唱して実現したものでした。

提案し、事例などを提供した責任上、オブザーバーとしてMは最後方に離れて一人座っていました。演習の途中、私がMの席の隣に座ると、Mの眺めていた小冊子が目にとまりました。かなり手あかがついて薄汚れています。

「それはなんですか」

と問うと、Mは、

「これが私どもの哲学が書かれた冊子です」

「かなり汚れていますが、読みこんでいますね。役に立ちますか」

「ええ、とても役に立ちます」

「たとえばどんなふうにですか」

「ご承知のとおり私どもの会社は、北米、欧州、アジアなど多くの地域に展開しています。言語も宗教、文化、風土もさまざまです。私は北米に勤務していたときにこんなことを経験しました。終業時間近くになり、さて社員は帰宅というとき、突然、部下に仕事を頼まなければならない事態が生じました。でも、彼らは日本人のように以心伝心でOK、わかった、とはなりません。そのとき役立ったのがこの小冊子です。いつも一番上の引き出しに入れていましたので、すぐ取り出し、英語対訳ですから、今回の仕事の意味づけに役立ちそうなページを開き、そこを指して、たぶん、『顧客の期待以上のものを提供する』うんぬんという個所だったと思います。**おれはこの哲学にもとづいて頼ん**

でいるのだと言いました。すると彼らは苦笑いしながら『Mの気持ちはわかったよ』と言ってくれました。その後もこの冊子には助けられ、現地の人にもこの冊子の言葉の意味がしだいに理解されるようになっていきました。該当ページを開かなくても、冊子を見せただけで効力を発揮してくれるようになりました」

心がこめられ、読む人にわかりやすく工夫された冊子は役立つものです。

「なるほど。御社ではMさんのようにこれを読み、活用している人は多いのでしょうね」

「いいえ、この冊子をきちんと読み、活用している管理者はまだ少ないですよ」

理念、哲学は役に立たないという人がいます。それは、理念、哲学をよく読まず、よく味わわず、理解せず、活用していないからです。Mは日頃から**冊子をよく読み、理解していたから、ここぞというとき、経営理念、哲学をリーダーシップ発揮のツールとしてみごとに役立てられたのです**。彼のように理念と実践を一致させる努力をしている人は、やがてすぐれたリーダーになります。

もう1つ、例をあげましょう。

story-05

アメリカに本社をおく、ベビーパウダーや「バンドエイド」で有名な衛生、医療品メーカーのジョンソン・エンド・ジョンソン（J&J）は、人種、宗教、風俗、習慣が相違する世界57カ国以上に展開し、徹底した分権経営を行い、かつ、強い求心力をもって成長し続ける優良企業です。

成長の秘訣は、創業者の孫、ロバート・ウッド・ジョンソン・ジュニアが制定した経営理念、「我が信条（Our Credo）」にあります。

この経営理念が、J＆Jを的確な行動に導いた話があります。

1982年、全米の家庭の常備薬として親しまれていたJ＆Jの鎮痛剤「タイレノール」に毒物が混入され、シカゴ近郊で死者を出す凶悪犯罪が起きました。犯人は、これ以上被害者を出したくなければJ＆Jは100万ドル出せ、と脅迫してきました。

このときの経営者ジェームズ・バークは、**「我が信条」に従って行動しました**。ただちに全製品の回収、廃棄を決定したのです。毒物混入は、特定の狭い地域で発生しており、膨大なコスト増を避けるため、全米、全製品の回収は不要という意見もありましたが、彼は耳を貸しませんでした。

彼は、「事態を公表」しました。被害者に謝罪し、犯人の卑劣に怒り、これ以上の被害者を出さないため、社員が薬局を回り、全品を回収、廃棄することを告知し、消費者には、すでに購入した製品は飲まずに最寄りの薬局に届けてもらいたいと訴えたのです。巨額の損失を覚悟した処置です。

アメリカ国民は、情報を公開し、説明責任を果たし、製品の回収、廃棄にいたるJ＆

Jの誠実ですみやかな対応に感銘し、J&Jを応援してやろうという声が広がりました。そして、J&Jの対応の背景には、経営理念「我が信条」があることを知りました。J&Jへの信頼はいっそう増しました。この対応はその後の企業の危機管理の見本とされました。

「我が信条」は、「顧客に対する責任」「社員に対する責任」「地域社会、更には全世界の共同社会に対する責任」「株主への責任」の4カ条からなります。

「顧客に対する責任」の冒頭には、「我々の第一の責任は、我々の製品およびサービスを使用してくれる医師、看護師、患者、そして母親、父親をはじめとする、すべての顧客に対するものであると確信する」とあります。

また、「社員に対する責任」では、最初に、「社員一人一人は個人として尊重され、その尊厳と価値が認められなければならない」とあり、末尾には、「管理者の行動は公正、かつ道義にかなったものでなければならない」と明言されています。

鍛え抜かれた経営理念は、リーダー、社員に、的確な判断、前進の意欲、挑戦する勇気を起こさせる力があります。

J&Jは「我が信条」を生かし続けるために、さまざまな工夫をしています。「我が信条」を48カ国語に訳し、250社以上、約12万人の全社員に配布して、その実践を求めています。

たとえば、社員は「我が信条」の一字一句に向き合い、文言の修正の必要性を検討します。そして、「我が信条」の価値を認めたなら、実践を自問自答させます。2年に1度、全社員を対象に50項目以上の理解度、実践度を確かめる「クレドー・サーベイ」を行っています。その他、いくつもの教育・研修プログラム、広報活動を展開しています。

最近では、全世界の社員、OBから、「我が信条」に関する意見や思い出を募集し、それを環境にやさしい紙とインクを使用した美しい本にまとめ、２００９年夏、全世界の全社員に配布しました。

その中の１つのエピソードを紹介します。書いた人は１９６６年に入社したアメリカの元社員です。

入社後約８年経った74年に、彼は工場長に昇進しました。しかし、そこは、J＆Jの中で最悪の安全の記録をもっている工場でした。職務に就いた月、彼は20歳の社員の死亡事故を目撃し強いショックを受けました。工場の状態は、「我が信条」の第2の責任の中にある「社員は安心して仕事に従事できなければならない」「働く環境は清潔で、整理整頓され、かつ安全でなければならない」に明らかに反していました。

彼は、「我が信条」にもとづき、社員の安全・健康を確保するため「工場安全理念」を作成し、社員の役割・責任・行動、同時に、安全な職場環境を確保するための経営陣の役割を明らかにし、実行していきました。

彼は述べています。

「私の焦点は、新しい指標へ移り、社員の安全が一番重要であり、その後に品質、日常業務、常習欠勤の管理、そして生産性が続きます」

その結果、工場は、労働損失日数ゼロ、最高の生産性と品質、最低の単位原価を実現したのです。彼の言葉は続きます。

「『我が信条』を実践すれば（この場合は社員の安全と健康を最優先すれば）、生産性も自動的に向上することが証明されました。社員は、何をどれだけ生産するのかだけでなく、経営陣が自分たちを大切に思っていることに気がつきます。

『我が信条』は、一編の文学を大きく超えた存在です。その価値観を取り入れ、その指針を活用して事業を率いて影響を与えるとき、『我が信条』は生命体となり、その人道的理想によって事業は最高水準へと高められます。倫理的に正しいこと（顧客や社員、地域社会を最優先すること）を実行すれば、収益と生産性はおのずと上がります」

彼は、1995年から2007年まで全世界健康・安全担当副社長として、健康と安全分野の専門家のグローバルネットワークを率い、全世界での負傷と疾病を排除するプログラムを開発しました。そして、子会社と提携し、J&Jを世界でもっとも安全かつ健康な企業上位5社の1つにしました。

J＆Jのリーダーとは、「『我が信条』の価値観を実践していく人」なのです。

3　使命感をもつ
阪神・淡路大震災、ある消防長の決断

リーダーを動かす代表的マインドの1つは使命感です。多くの人々を動かす力を有していながらリーダー・マインドが欠如していては的確なリーダーシップはとれません。

story-06

たとえば、死者行方不明者6437名を出した1995年1月17日の阪神・淡路大震災の発生時、自衛隊の出動が大きく遅れました。そのために、非常に多くの死傷者が出たと自衛隊、政府は非難を浴びました。

なぜ、自衛隊の出動が遅れたのでしょうか。自衛隊に関しては「文民統制」があります。自衛隊は民間から選任された総理大臣、防衛大臣が指揮、統制するというもので、自衛隊制服組が勝手な判断で行動できないようにしてあります。阪神・淡路大震災のときは、知事、総理大臣などの要請がないために、救援派遣、初期活動が遅れたことは間違いありません。首相やその周辺が被害状況を軽くみていたのが原因と考えられます。

もう1つは自衛隊トップの判断が遅れたことにあります。「文民統制」にはただし書きがあります。災害時、自衛隊は派遣要請がなくても、自主派遣、つまり、天災地変の被

害甚大時には、被災した知事などの当事者が要請できない状態に陥る可能性があるため、緊急を要し、要請を待ついとまがないと認められるときは派遣できるという法規定があるのです。自衛隊トップは自らの判断で出動することもできたのです。

自衛官には、災害の際、被災者、避難者の生命、安全を守るため、一身を顧みず全力を尽くすという崇高な使命があります。現場の全自衛官は、被災者を1人でも多く救いたい気持ちも能力もありました。結局、ここ一番の大事な場面で自衛隊トップは、法的にはもちろん道義的にもありえない、勝手に出動したという責任追及を恐れ、文民からの出動指示を手をこまねいて待ったのです。政治家も、自衛隊トップも、もてる力をただちに国民のために使えなかったことにざんきの念を禁じえなかったと思います。

ところが、この大災害の折、みごとなリーダーシップを発揮した人がいます。

地震の発生は午前5時46分。政府の非常対策本部設置は午前11時で、発生から5時間後です。正式な、本格的自衛隊派遣はこれ以降です。

ちょうど、自衛隊派遣の意思決定がなされた頃、1台の消防自動車が神戸市内に入りつつありました。三田市《さんだ》からの消防車です。三田市は神戸の北、ほぼ40キロにあります。

三田市のY消防長は神戸市などからの要請を待たず、独自の判断で壊滅しつつある炎の神戸市に消防車を向かわせたのです。到着時間は11時3分です。

それまで孤軍奮闘していた神戸の消防隊長は、燃えさかる神戸の街ににわかに現れた

1台の消防車を見たときのことを語っています。

「近隣も大阪までも地震でやられたと思っていました。だから応援は来ないのだと思いながら、水も人も足りない中で、必死の消火活動をしていました。応援要請などできる状態ではありませんでした。〝三田市消防署〟と書かれた消防車を見たとき、ああ、応援は来るんだと感銘しました」

三田市消防本部の当日の当直員は13名、大きな揺れで起きた署員はただちに非常招集をかけ、同時に2班に分かれ三田市の被害状況を確認しました。電話は市内で通じていましたが、電気は停電していました。電気が復旧したのは8時頃、テレビの神戸の映像を見てがくぜんとしました。Y消防長はすぐに5名の隊員を神戸に向かわせました。Y消防長の話。

「神戸の大震災はテレビで知りました。大変だと思い、すぐに応援を出すことにしました。被災側は要請など無理、要請を待つのは時間の無駄だと思い、ともかく2台あるうち1台を向かわせたのです」

当時、三田市で消防機能を備えた車は2台。ポンプ車を残し、タンク車を出動させました。タンク車には水が1トン半ためてあり、現場でただちに放水できるからです。ポンプ車は消火栓から取水しますが、この1台を残したのは三田市を守るためです。

六甲山系をこえ、途中、車の大混雑を抜けての到着でした。

Y消防長はテレビの情報を見て的確な判断をしました。東京にいた官僚らも同じ情報を得ていたはずですが、彼らは、Y消防長とは違う、甘い判断でした。

同じ情報をもちながら、政府や自衛隊トップと三田市消防長の状況判断の差はどこから生じたのでしょう。東京だから情報が錯綜《さくそう》したなど、言い訳はありますが、同じテレビ情報を見ての意思決定の違いですから、弁解の余地はありません。この差の真因はマインドの差、使命感の有無にあったと思います。単なるふだんの訓練の差ではありません。三田市のY消防長には、消防法第1条にある、

「火災を予防し、警戒し及び鎮圧し、国民の生命、身体及び財産を火災から保護する」という消防の**使命が、心の奥底に刻まれており、その使命感が即座にすぐれたリーダーシップの発揮をもたらしたのです。**

当時の部下だった人は、故人となられたY消防長について、「高校卒業と同時に消防に入り、正義感、使命感にあふれ、とても部下にも慕われた人でした」と語っています。

4 ビジョン・目標を明示する
富士通・岡田完二郎の予言

すぐれたリーダー・マインドは、経営ビジョン、目標を示し、実現を目指そうと働きか

ける力としても発現します。

story-07

電電公社の電話機をつくっていた富士通信機製造（現、富士通）が、コンピューター開発に参入してまもなくの1959年、宇部興産副社長の岡田完二郎が同社の社長に就任しました。

以前、岡田は、富士通の親会社である古河鉱業（現、古河機械金属）の社長を務めていましたが、古河家以外で社長に就いたはじめての人物であり、いわゆる大物経営者でした。

このとき、岡田はすでに68歳、文科系の出身で半導体、通信、コンピューターなどはまったくの素人でした。しかし、岡田は、日夜、電気工学、コンピューターの本を読破し、自ら工場に足を運んで現場の若手専門家から学び、他社のトップからも教えを受け、コンピューターの将来性を確信していきました。

1960年頃の、日本全体のコンピューターの年間生産数は数十台、富士通も10台に満たないとき、岡田は企画担当者の鳴戸道郎（後、富士通副会長）にコンピューターの需要予測をさせました。

鳴戸は精力的に情報を収集、分析して、需要は約1000億円で飽和するという数字を得、それを目安にした戦略立案が望まれるという結論をもって岡田へ報告にいきました。

岡田はデータ資料を見ながら鳴戸の説明に耳を傾けていましたが、約1000億円で需要は飽和すると聞くと、一転語気を強め「そんなちっぽけなはずがない」と、万年筆を取り出し報告用紙1枚1枚に大きなバッテンを付けていきました。シューッ、シューッとペン先の走る音が鳴戸の鼓膜をゆらし、金のペン先は岡田のこめた力に耐えきれず、プツッと折れました。岡田は鳴戸に言いました。

「そこへ座れ、お前はいくつだ。おれはこの歳になっても情熱をかけてやっている。若いお前がそんな小さな気持ちでどうする、そんなことでは仕事などできやせん」

岡田は、自らの勉強でコンピューターの将来の大発展を信じていたのです。

「発展には限りがない。仮に地球が一杯になったとしても、宇宙がある。宇宙は有限だそうだが、まだ、刻々膨張している。したがって基本的に発展には限度がない。この意味で、会社は新しい技術を次々開発し、新しい販路を開拓していけば、必ず伸びていく」

このあと、電子部長の小林大祐（後、富士通社長・会長を歴任）がコンピューター専門工場建設の必要性を役員会に答申したとき、大半の役員が反対しました。が、岡田は言いきりました。

「皆さんの意見は十分に聞かせていただいた。率直に私の意見を言わせてもらうと、皆さんはあまりにも不勉強です。電電公社の仕事で十分生きていける、どうして危険な分野に手を出すのかと言う。しかし、電電公社依存だけではわが社に飛躍はない。私はコンピューター分野の限りない発展を確信しています。私は何人かの専門家から、また多くの経営者から、コンピューターの有望性を聞いた。幸い、わが社には優秀な人材が育っていて、それは他社に勝るとも劣らない。コンピューターの専門工場をつくり、コンピューター部門の充実を図る。それが、将来の富士通をつくると思います」

岡田の一言で、コンピューター新工場建設が決まりました。しかも小林の想定した倍の大きさにしたのです。

1962年、岡田は年頭の辞で「限りなき発展」を富士通の合言葉にしていこうと呼びかけ、「会社はますますよくなる。それはたゆみなき技術の開発と販路開拓の上に実現されていく」とビジョンを明示しました。

この前後、岡田は、天才といわれた池田敏雄（常務で死去、専務を追贈）、小林、山本卓眞（後、社長・会長を歴任）らから意見を聞いてコンピューター部門の技術開発目標、販路開拓の目標を設定、資金の手当て、コンピューター部門の人員採用、組織づくり、さきの工場建設などを着々と行っていきました。

富士通が本格的にコンピューター事業に邁進する端緒は、岡田の、無限に発展するという精神にありました。富士通のロゴマークに無限の可能性を意味する印が用いられているのはこのためです。

約50年前に岡田の予言したとおり、世界のあらゆる産業分野、車にも環境にも宇宙開発にもサービスにも物流にも、コンピューターが大活躍しています。

叱られた鳴戸は、岡田への敬慕をこめて語りました。

「無限というのが岡田さんの思想でした。ものに限度があるとか、そういう精神がきらいでした。とにかくどんどんいく。岡田さんには鍛えられました」

岡田は常に社員にビジョンと希望、目標を与え、挑戦させ、その力をフルに発揮させました。

すぐれたリーダーの打ち出すビジョン・挑戦的目標の背景には、夢、願望、理想など、人々の心を躍動させるいわば〝希望感〟とでもいうべきリーダー・マインドが常にあります。それはリーダー自身の物事の徹底研究、勉強から生まれてきます。

5 失敗を糧にする
リストラ案を撤回した2代目社長

ときにリーダーも失敗し、落胆し、後悔し、悩みます。このとき、すぐれたリーダーは、参ったままにならないよう心の切り替えを早く行います。

「失敗は人生につきものである。へこたれないぞ」と自分を鼓舞し、失敗を次の成功の糧にしていきます。

story-08

2代目経営者Aは、資金を調達して新規事業をはじめました。また、M&A（合併、買収）などによる多角化で現状の売り上げ200億円を5年で倍にする急成長をもくろみました。企業を大きくしたい、先代経営者をこえたいという気持ちでした。

投資をはじめてまもなく石油ショックに襲われました。日本経済は一挙に不況に陥り、Aの会社も前期の最高収益から一転赤字になりました。特に新規事業はすべて大赤字でした。

半年後、いたしかたなくAは新規の3事業は清算、2事業は売却することにしました。清算、売却による損失は約20億円、これでウミを出し、黒字体質にする予定でした。

しかし、会社は黒字体質には戻れませんでした。さきの赤字事業のほとんどの人員をかかえこんだからです。昨日までの優良企業が一転して不良企業となりました。人件費を中心とした固定費が重く、本業の業績回復をはばんだのです。銀行からも大株主からもAの会社は大丈夫か、危ないのではという声が上がりました。悩んだ末、A社長は、父親で創業者である相談役に120人のリストラ案をもっていきました。

先代の創業社長はかつて1度リストラを行ったことがあり、リストラ案は了解してもらえるとAは考えていました。しかし、70歳の相談役は、

「クビを切られる者は生活に困る。そのこと、よく考えましたか。リストラ対象の社員には、子も老いた親もいるでしょう。まだできることが他にあるでしょう」

と言いました。A社長は胸をつかれ、顔を上げられませんでした。確かにAはリストラされる者の立場を深くは考えていなかったのです。

創業者は戦後の厳しい状況の中、徹底した節約をしてやっと経営をしていましたが、立ち行かなくなり、やむをえず社員20人を解雇しました。その際、「会社が何とかなったときは一番に声をかけるから、その間、しばらく何とか食いつないで待っていてくれ。必ず連絡する」という約束をして辞めてもらったのです。そして経営再建の見込みがついた8カ月後から、20人のほとんどを順次再雇用しました。

A社長はその話を1度中学生の頃に聞いたことがありましたが、リストラをしたということだけを覚えていて、あとはすっかり忘れていたのです。

創業者はA社長に話していないことがありました。再雇用できなかった15歳の少年のことです。創業者は、彼の山形の実家に、「再建の道はついた、よければ戻ってほしい」という手紙を送りました。父親から返信がありました。

「社長様のことは息子から聞いておりました。息子も、御社への再就職を楽しみにしておりましたが、遊んでもいるわけにもいかず、夕張炭鉱に出稼ぎに行き、この冬、体をこわして、2カ月前に夕張で死にました」

手紙には父親自身が病弱なこと、母親は数年前死去していること、少年は体調の悪さを同僚にも上司にも隠して働き続け、ほとんど急死に近かったことなどがつづられていました。

創業者は、少年が、父の療養費を稼ぐために無理をして働き、夕張の寒い宿舎で寂しく死んだことを自分の責任と考えていました。語ることもつらかったのです。

A社長は創業者の言葉によってリストラをやめ、雇用を守るために全役員に賞与を全額返上させ、次いで賃金カットをし、一時帰休も実施し、徹底して無駄を排除し、自ら生産現場に出て生産革新を指揮し、製品の改良を行いました。尿に血が混じる病の養生をしながら、自ら営業を行い海外市場を開拓して、会社を黒字体質に立て直しました。

A社長は当時の心境を語っています。

「今回の大赤字は自分のせいではなく、石油ショックのせい、中東戦争を起こした人間とアラブ産油国のせいだと当初憤りました。私は会社を引き継いで、自分ではまじめに経営をしてきたと思っていました。

しかし、相談役に、リストラ社員のことを真剣に考えたか、まだできることが他にあるでしょう、と言われたとき、言葉を失いました。それから再建策と自分の経営者としてのあり方を考えました。自分は本当にまじめに経営をしてきたのか。その昔リストラされ、再雇用された古い社員に、終戦後の生活の苦労や夕張で死んだ少年のことをはじめて聞きました。**創業者の思いや会社の歴史、また、社員の気持ちや彼らの生活について実に浅くしか理解していなかったこと、そして、自分はそうした人々に生かされていることに、ようやく気づきました。**自分が経営者として仕事ができるのは社員のおかげ、お客様のおかげであるとあらためて深く気づきました。

自分の経営は残念ながら、通り一遍の経営だったのです。大きな会社に成長できれば、相談役にも社員にも喜んでもらえると安易に考えていました。環境もリスクもよく考えず、無理な投資をしました。**赤字は、表向き石油ショックのせいですが、本質は経営者である私の経営に対する考え方、意思決定、行動の結果だったのです。**それから、何としても復活しなければ、人々に対し申し訳ないし、自分のためにも頑張らねばならないと思いました。

経営者の責任の重さをかみしめ、志を新たにし、社会の期待にこたえ、わが社の存在価値を常に高めながら、社員とともに永続的に発展、成長していくことに全力を傾けるのが、本当の経営、まじめな経営だと思います」

3年後、A社長は会社の再建、復活をとげたあと、社員たちを前に話をしました。

「これからも予期できぬ困難はくるでしょう。しかし、この3年のことを教訓に、力をあわせれば必ず困難を乗りこえ、わが社は永続的に発展していくことができると考えています」

失敗にへこたれず、それを生きる糧にする精神は、リーダー・マインドの大切な要件です。

6 ポジティブ思考をする
「まだこんなに残っている」から考える

リーダー・マインドはできるだけポジティブにものを考えることで磨かれてゆきます。楽観的（ポジティブ）思考と悲観的（ネガティブ）思考については有名なたとえ話があります。

同じコップの残量（水を増やすことはできない）を見て、ネガティブ思考者は「もうこれしか残っていない」と考え、ポジティブ思考者は「まだこんなに残っている」と考えるというのです。

問題はこのあとです。

「もうこれしか残っていない」とネガティブに現状をみたリーダーが、次にどんな結論を出すかです。単純に「だから、もうだめだ、もう無理だ、皆あきらめよう」と結論づければ、終始一貫、ネガティブ思考で救いようがありません。

しかし、「もうこれしか残っていない」「だから、より有効に残りの水を使う方法を皆で考えよう」と結論づければ、より有効な「具体的な水の使用方法」の立案が可能になりま

ポジティブ思考

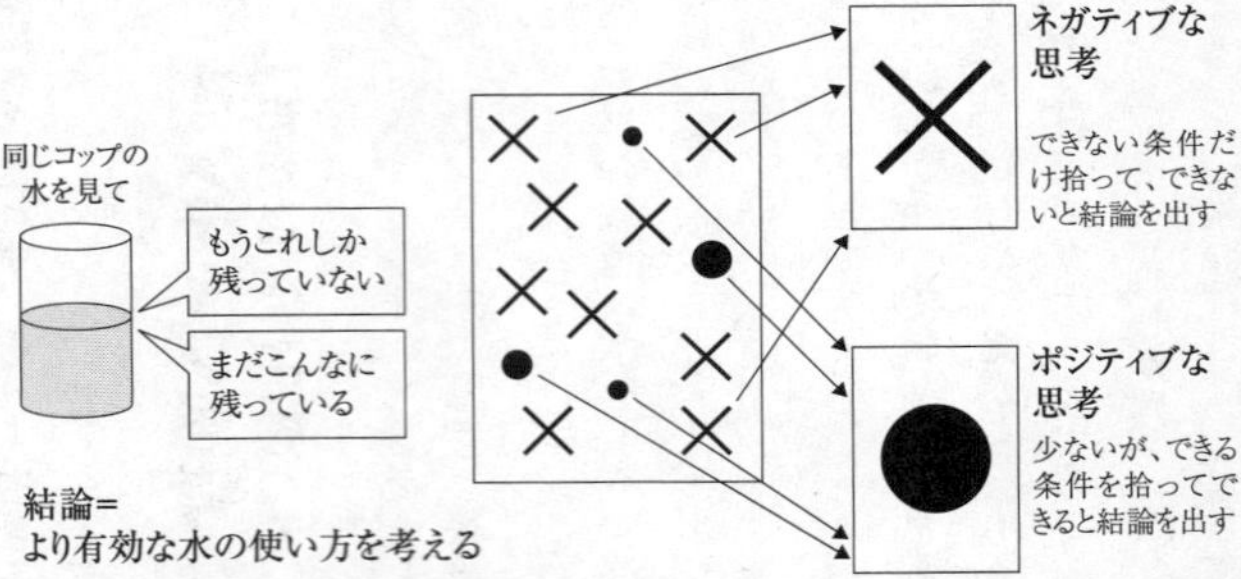
同じコップの
水を見て
もうこれしか
残っていない
まだこんなに
残っている
結論=
より有効な水の使い方を考える
ネガティブな
思考
できない条件だけ拾って、できないと結論を出す
ポジティブな
思考
少ないが、できる条件を拾ってできると結論を出す

真に大切なことは結論である

す。途中がネガティブでも、リーダーとしての結論が適切であれば、冷静な判断、意思決定になります。ただ、ネガティブ思考は、しばしば人々の気持ちを暗くするという欠点があります。

ポジティブ思考は、途中、人の気持ちを明るくします。ただし、方法論の欠落したポジティブ思考はただの「のうてんき」で、やはり意味がありません。

真のポジティブ思考のリーダーは、「まだこんなに残っている」「だから、大丈夫だ。逆転可能だ。皆もうひと踏ん張りしよう。あわてず、より有効な水の使い方を考えよう。皆の意見がほしい」とメンバーを励まし、希望を与えつつ、良案を求めます。

さて、ポジティブ思考はどうしたら生

まれるでしょう。

1つ目は、強い願望をもつことです。〝希望感〟です。それがあれば、困難や危機を、希望にいたるためにつきものの〝途中の困難〟と考えられます。

強い希望がないと、少しの困難でも、〝途中の困難〟と受け止めず、〝絶対乗りこえられない困難、危機〟と考え、絶望し、ネガティブ思考に陥りあきらめるしかなくなります。

story-09

帝人会長の長島徹は、子供の頃、戦後の貧しい時代で野球のボールも買ってもらえませんでした。バットは竹の棒、ボールは苦労して何時間もかけて布を巻いてつくりました。ある日、打ったボールが、広場の向こうの竹やぶの中に入ってしまいました。捜しても、捜しても見つからないのです。苦心してつくったボール。長島はあきらめられませんでした。

間違いなく竹やぶに入った、だから必ずどこかにあるはず、でもこれだけ必死に、何回捜しても見つからない。あきらめようかと思ったとき、長島は神様に祈ったのです。

「どうぞあきらめさせないでください」

奇妙な祈り方です。それからまた捜し続け、ついに見つけました。

普通は、「神様、どうぞボールを見つけさせてください」という祈り方をするでしょう。神様に、見つけるためのお導き、恵みを請うわけです。でも、長島は、神様、どうぞあきらめる心を私に抱かせないように、希望をもたせ続けてくださいと祈ったのです。

ボールを見つけるのは、神ではなくて、自分の行為、捜す原動力はわが心、その心にあきらめという弱さがおりてこないように、というのです。

「全力を挙げて神に祈る」。それが長島の座右の銘の1つです。全力を挙げてやるべきことを自分ができますように、神に祈るという意味でしょう。

あきらめない心は、どうしても野球をしたいという強い願望によって支えられていました。

2つ目、では、強い願望はどうしたら生まれてくるかです。まずは、今の仕事に徹底的に打ちこむという単純な答えです。打ちこんで、何らかの小さな成功をし、その成功体験から希望や新たな志、願望を見つけるということです。失敗のままでは、その仕事の醍醐味を知ることはできず、その中に小さなきらめく宝石のような希望、志、願いは見つけられません。

小さな成功体験を重ねてもなお、ほのかな希望もみえず、わずかな願望も生まれないということであれば、思いきって別の仕事に未来を託すことも方法でしょう。あとは、また、新たな仕事に打ちこみ、小さな成功をし、小さな希望を見出すようにする、その繰り返しです。

3つ目は、**「ポジティブに考えて成功したリーダーの情報、事例」を集め、その人が困難、失敗にあったとき、どのように事態を受け止め、解釈し、自分のやるべきことを考えるようにしたか、学ぶことです。**そのまねをしてポジティブ思考の、勉強、訓練を積むことも効果的です。

4つ目は、**〝希望感〟に加えて、困難をバネにする生き方をしよう、と心がけることです。**

story-10

ある女性歌手はこれまでたどってきた苦労の一端をこう語りました。

彼女は18歳でデビューし、挫折しました。再デビューは22歳。そのとき、「100日スナックキャンペーン」でスナックを回りました。発売されたばかりの自分のレコードとサイン入りの色紙をもって、一生懸命歌い、お客様に精一杯の笑顔を見せて購入のお願いをしました。買ってくれる男性客がいましたが、その客は少し酔っていました。彼女はうれしくて、にこやかに礼を述べレコードと色紙を渡しました。ところが酔った客は「こんなものはいらない」と、色紙を目の前で破り捨てたのです。

彼女は、色紙を拾い、歌い続けました。出番が終わると、トイレに駆けこみ泣きました。「でもね、**泣いたあとすぐ思い直したのです。色紙が欲しいと言われるような歌手になってやるって。**この経験があったから、貧しい生活にも耐え、今の私があります。今はその酔ったお客様に感謝しています」

彼女は侮辱を受けたが、それを前向きにバネとして受け止めて、願望成就のエネルギーに変換し、自分を励まし精進し大成したのです。

「侮辱も、失敗も、いずれ成功の糧にしてやる」と思い直すように思考を訓練するのです。

この歌手は、泣いたくらいですから、生まれつき何事も前向きに考えられる人ではなかったはずです。バネにするよう心がけていたから、色紙を捨てられても口惜しさをこらえて歌うことができ、また、泣いたあとすぐ「色紙が欲しいと言われるような歌手になってやる」と思い直せたのです。

この女性歌手の大ヒット曲は「ふたり酒」。彼女の名は、川中美幸です。

5つ目、先ほども述べましたが、小さな成功体験をすることです。そうでなければポジティブ思考はもてません。

勉強もダメ、スポーツもダメ、ケンカも弱く、引っこみ思案の男の子が、中学に入ったとき、はじめて習った英語の先生に発音をほめられました。彼はそれで英語が好きになり、それからだんだん自信をもつことができ、他の勉強にも意欲がわくようになり、司法試験に受かり、やがて多くの弁護士をかかえる法律事務所の経営者になりました。

小さな成功体験で自信を得てポジティブ思考をもてるようになり、失敗にめげずリーダーとして大成した例は山ほどあります。

7 リーダーとして生きる喜びを知る
こんなにあるリーダーの「やりがい」

リーダーとは、人々の協力を得て組織目標を達成し、かつ、人々のマインドと能力を向上させ、成功感を与える人です。考えると重責ですが、それ以上にリーダーとして生きる喜び、やりがいがあるからこそ、リーダーはその荷を背負い、リーダーとして職務遂行に力を尽くすのです。

リーダーとして生きる喜び、やりがいとは何でしょうか。

1つ目は、**ステータスの向上です**。リーダーには、何らかの「リーダー」を表す肩書きが与えられステータスは向上し、1つの充実感を得られます。

2つ目は、**収入増です**。リーダーには、一般社員より大きな給与、賞与などがあります。組織目標達成に貢献できれば、それは加速度的に増大していきます。

3つ目は、自分のリーダーシップが**人々の成功に役立つことです**。

リーダーになる前、私たちは自分の成功を第一義として働きます。しかし、リーダーになったときから、組織全体の成功を第一義とし、その働きの中にリーダーとしての成功や喜びを感じ、見出し、生きていくことになります。

私たちは、自分を生かし、かつ、自分を包む世界をよりよくしたいと思い、その実現に喜びを感じるようにつくられています。よりよい製品、サービスを世に提供するのは、生活の糧《かて》を得るためですが、同時に、世の中全体をよくしたい思いがあるからです。

リーダーは、たとえば、自社がこれから提供しようとしている新製品や新サービスの情報をより早く入手したり、これらをつくる先頭に立てるチャンスが多くあり、世をよくしたい願望実現の喜びをまっさきに味わえる人ともいえます。

4つ目は、**リーダーにふさわしいと認められる喜びです**。

私たちは人から認められたいという、強い承認の欲求をもっています。

リーダーになれるのは、その企業、職場、人々を発展に導ける器量があると経営者から認められたからです。リーダーとして認知されることは、光栄であり、誇りを得、自信を深められます。

5つ目は、**人々と成功感を共有し、信頼関係を築けることです**。

リーダーには、組織目標達成の責務があり、そこには必ずといってよいほど困難、試練が待ち受けています。衆知を結集してこれらを乗りこえたとき、リーダーとメンバーは健闘を称え合い、つくり上げたチームワーク、信頼関係を心から喜び合うことができます。信頼できる人々と共に働き、助け合えることは、人生の一大快事でしょう。

6つ目は、**称賛されることです**。

目標達成時、リーダーは称賛を受けます。称賛は、自分がチーム全体、各人の成功に役立てた証しであり、今後ともリーダーとして働き、生きる希望と勇気を与えてくれます。

7つ目は、**人格と能力の向上です。**

人の協力を得て目標達成を目指す以上、ときに、リーダーゆえの葛藤が起こります。たとえば、目標未達や解決困難な問題をめぐって起きる部下や上司との摩擦、あつれきなどです。しかし、これらも、時を経て眺めてみれば、すべてがリーダーとしての自分を鍛え、人格、能力向上の肥やしとなっていたことを認識でき、成長欲求を満たせます。

8つ目は、**人から感謝されることです。**

成功支援に対する人々からの感謝の言葉は、リーダーの心に残り、いつまでもリーダーを励ましてくれます。

9つ目は、**リーダーとして生かされている幸運を感謝できることです。**

リーダーとしての自分の足跡を顧みたとき、自分が人々を生かした喜びだけでなく、実は、自分こそ人々に生かされてきたことに気づき、感謝の念を抱きます。すぐれたリーダーたちは異口同音に言います。

「振り返ると、リーダーとして生きてこられたのは自分だけの力ではなく、ほとんどは人のおかげです。私は未熟で、何度も失敗し、くじけそうになりました。そうしたとき、まことに幸運にも、出会った人々に助けられ、支えられ、生かされてきました」

これらのリーダーとしての喜び、やりがいはどのようにすれば味わえるのでしょうか。

それは、喜びとやりがいの存在を認識し、味わえる日々がくることを信じ、リーダーとしての使命、役割を果たしていくことにあります。

第2章
PDCA能力をつける

1 成功の法則はPDCAサイクルである

リーダーに要求される能力の根幹

成功とは、目標を達成することです。

成功に必要な能力を大別すれば、**PDCA能力、コミュニケーション能力、専門能力**の3つになります。すぐれたリーダーはこの3つの能力を活用し、リーダーシップを発揮して、集団を組織目標達成という成功に導きます。

PDCA能力は、目標達成、問題解決のため、**Plan（目標、計画）、Do（実施）、Check（検討）、Action（処置）**を連続的に行う能力で、専門分野に関係なく人生全般にかかわるもので、頭文字をとってPDCA能力と名づけました。

コミュニケーション能力は、目標達成、問題解決のため、感情や知覚、思考などを、協力を得たい人に伝達し、理解と協力を得る能力で、衆知の結集のために必須の能力です。

専門能力は、具体的な目標、つまり、製品、サービスをつくり出すための各分野の能力で、研究、開発、製造、販売、人事、経理、総務、サービス、デザインなどです。最終的にはすべてのマインドも能力もこの専門能力に集結、統合され、すぐれた製品、サービスを生み出すために動員、活用されます。

すぐれたリーダーは成功の法則を知り、実践する

3大能力と経営資源

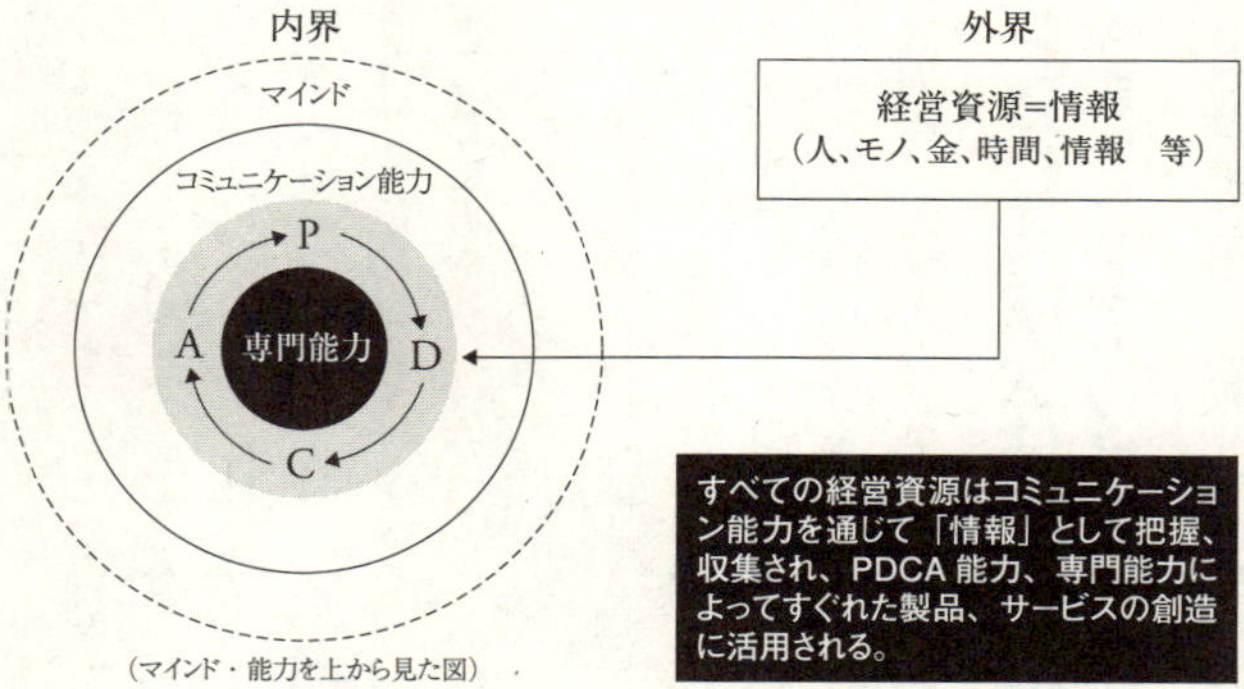
内界
外界
マインド
コミュニケーション能力
P
D
C
A
専門能力
経営資源＝情報
（人、モノ、金、時間、情報　等）
すべての経営資源はコミュニケーション能力を通じて「情報」として把握、収集され、PDCA 能力、専門能力によってすぐれた製品、サービスの創造に活用される。

（マインド・能力を上から見た図）

これら3大能力のうち、根幹となるのはPDCA能力です。なぜなら、成功の法則は基本的に次のようなステップから成立しており、全体の根底に流れているものはPDCAのサイクル（循環）だからです。

・成功のステップ

ステップ1　願望（目標）をもつこと

ステップ2　それを必ず達成するという信念をもつこと

ステップ3　願望（目標）達成までのプランを作成すること

ステップ4　成功へのチャンスを見つけ、行動すること

ステップ5　成功するまでやり続けること

ステップ1の「願望をもつ」とは、やりたいこと、やらねばならないことを明らかにして、それを目標として設定することを意味します。

ステップ2の「信念をもつ」は目標をやりとげる固い志、強いマインドをもつことです。

ステップ3の「プラン作成」は、文字通りPDCAのPlanです。

ステップ4の「成功へのチャンスを見つけ、行動する」とは、常に頭の中に目標や計画があり、どうしてもやりとげたいという信念があれば、チャンスを見つけ、行動（Do）を起こせるということです。

実際は、1度の実施で目標達成、とはいきませんから、ステップ5の「成功するまでやり続けること」になります。成否を振り返るCheck（検討）と改善を意味するAction（処置）を行い、より目標達成に役立つ行動をとり続けます。PDCAをやめたときは、目標達成行動停止、放棄、すなわち、失敗になります。

成功の法則は、達成するまで、可能性がある限り、PDCAを回し続けることです。

2 PDCAは全体の利益を増大させる

先駆者フレデリック・テイラー

PDCAの概念は昔から漠然とはあったのですが、実務的、分析的に明示したのは、アメリカのフレデリック・テイラーといっていいでしょう。

story-11

1865年頃、テイラーはハーバード大学に合格しましたが、暗い灯火の下での猛勉強で目を痛めてしまい、入学をあきらめ、小さなポンプ工場で働きました。次いで、ミッドベール製鋼の工員となり、働きぶりが認められて短期間のうちに技師長に昇進しました。

当時、ほとんどの工場がかかえていた大問題は、労働者が働かないということでした。ミッドベール製鋼も同じでした。経営者側はこれを打開し、生産性を向上させるため、賃金の一律日給制を廃止し、出来高払い制を導入、さらに、その欠点を補うために、利益分配制度を導入しました。しかし、それでも労働者は怠けはじめました。経営者側が制度の運用を自分たちに有利になるようにしたため、労働者側が反発、怠業したからです。以降、不信の連鎖がはじまりました。

出来高払い制のもとで、労働者が一生懸命働くと、出来高が増し、労働者の収入が増えます。それをみて経営者は、労働者の努力を認めず、労働者の収入は高すぎる、それは賃金単価の決め方が甘いからだと、賃率を引き下げたのです。労働者側は労働意欲を失い、クビにならない程度に仕事をしようと考え、怠けるようになりました。これは経営者側の大失策で、労働者側の信頼を失うことになりました。

さらに、労働者側は、仕事をしすぎると、仲間の職を奪うことになるから、適当に怠けることが正しいと考え、労働組合も怠業を奨励したのです。これは労働者側の大間違いで、経営者側の不信を招きました。

こうして、経営者側、労働者側の相互不信、その後の両者の対処のまずさも重なり、組織的、全社的「怠け」は拡大し、会社経営は圧迫されました。

青年テイラーは、まじめで正義感あふれる俊才で、富は勤勉と節約から生まれるという考えの持ち主でした。

職場リーダーとなったテイラーの最初の怠業対策は、強引に労働者に仕事をやらせることでした。労働者は反発し、テイラーを暴君と見なしました。彼らは故意に機械を壊し、機械が壊れたのは現場の職長が無理な仕事をさせたからだと、反抗しました。

毎日のように機械は故障し、怒ったテイラーは、機械が故障したときは理由を問わず、修繕費用を工員が払う罰金制度（罰金は共済組合に積み立て、組合員に還元する方法をとった）を設けました。故障は起きなくなりましたが、労働者との抗争は続きました。テイラーが労働者の怠惰を指摘しても、テイラーの主観、思いこみとされ、反発を招くばかりでした。

やがて、テイラーは力による管理は不毛であると悟りました。

彼は、労働者の怠け心を払拭《ふっしょく》し、労使双方が豊かになれる方法を模索しはじめました。

それは仕事のやり方を改善し、適切な賃金制度を確立することでした。

彼は、改善の出発点として、労使双方からみて客観的に正しい「1日の仕事量」を決めることを思いつき、仕事のやり方を研究しました。労働者の中から優秀な者を選び、趣旨をよく説明し、協力を得ました。仕事を観察し、どのような細かい作業からでき上がっているかを要素に分けて丹念に分析しました。その中にはムダな動作もあり、これを排除し、必要な動作を選択し、そのやり方を工夫し、統合し、もっとも合理的なやり方を標準作業方法としました。

さらに、ストップウオッチで一流の工員の仕事のスピードを測定し、それに余裕時間を加えて標準時間とし、また作業条件も標準化して、1日の労働時間の中でなすべき仕事量を決めたのです。

「1日の仕事量」「標準化された仕事のやり方」「実績の評価」「次の計画の修正」という仕事の流れは、PDCAサイクルの原型となりました。同時に、この仕事の流れを指導、管理することが管理者の役割となり、マネジメントの概念ができ上がっていきました。

ちなみに、このテイラーの標準化の方法は「科学的管理法」と命名されました。この方法は、労働組合からは、労働強化であり、ストップウオッチによる時間管理は人権無視、資本側の搾取《さくしゅ》の武器であるとして痛烈な反対を受けました。

これに対し、テイラーは、**経営者の繁栄は従業員の繁栄を伴い、従業員の繁栄も経営**

者の繁栄なくしてはありえないこと、また、労使が協力し合ってこそ相互の富の増大、ひいては社会全体の富の増大をもたらすことを労使に理解させるのが、科学的管理法であると強調しました。

そして、現実はテイラーが主張していたように、科学的管理法は、利益をめぐる対立から協力を生む精神革命を起こし、紆余《うよ》曲折を経ながらも科学的管理法は産業界に猛烈な勢いで普及しました。事実として、すぐれた製品が安く、大量に生産され、労使双方が求めていた収入、利益が増大していったからです。

テイラーの労使双方、全体を豊かにしたいという思い、それにもとづくリーダーシップが、ＰＤＣＡの方法と進歩をもたらしたのです。

3 ＰＤＣＡサイクルを迅速に回す
問題解決、標準化の徹底

「ここにホワイトボードがあり、マーカー置き場と同じところにボード消しが置かれています。もし、このボード消しが床に転がっていたら皆さんはどうしますか」

私は、Ｐｌａｎ、Ｄｏ、Ｃｈｅｃｋ、Ａｃｔｉｏｎのサイクルを理解してもらう研修ではこんな問題を出したりします。

皆一様《いちよう》に、ボード消しを拾い上げ、ホワイトボードのマーカー置き場に戻しておく、と答えます。

「正解ですね。ボード消しがあるべきところに置かれて、一応、問題が解決され、ボード消し本来の機能がスムーズに果たせる状況になりました。これは皆さんの中で、Plan、Do、Check、Actionが回ったからです。あるべき姿がまずあって、それとボード消しの現状の姿を見つめ、ギャップ、つまり、問題が認識され、解決のため、拾い、あるべき姿に戻した、問題解決した、ということです。

一応の問題解決と申し上げたのは、きちんとした原因分析がこの場合なされておらず、また、ボード消しが床に転がる可能性があるからです。誰かがホワイトボードをこの教室に運んだときボード消しを落とし、気づかないまま出ていってしまったとか、ボード消し置き場のネジが外れていたとか、の原因分析はできていません。原因分析はあとの話にします。ただ、こんな小さなことでも、Plan、Do、Check、Actionのサイクルが回ったということを理解していただきたいのです。

床に落ちているボード消しを見つけたのが、1歳くらいの赤ちゃんだったら、ボード消しをマーカー置き場に置くことは思いつかないでしょう。ボード消しをおもちゃ代わりにして遊んでしまうかもしれません。赤ちゃんにはホワイトボード、ボード消しの機能、働きはわからないからです。**あるべき姿を知らない人、目標のない人にはPDCAは回せま**

ます」

せん。回らなければ、目標は達成しづらく、問題は解決しづらく、成功しないことになります」

さて、Ｐｌａｎは、言うまでもなく**目標を決め計画を立てることです。**

企業組織の主要な目標項目は売り上げ増、利益増、コスト減です。それらをもたらす品質、技術、性能、納期、サービス、ＣＳ（Customer Satisfaction＝顧客満足）、安全、ＥＳ（Employee Satisfaction＝従業員満足）、能力向上なども可能な限り定量化し、目標として設定します。目標は挑戦的で、上昇意欲のこめられたものでなければなりません。

計画は通常５Ｗ１Ｈで立てます。現状をふまえ、かつ、予測し、こうすればうまくいきそうだという過去の経験、因果関係をふまえて、論理的に立案します。

計画は「段取り八分（ものごとは計画の良し悪しで８割方決まる）」といわれるくらい重要です。いいかげんな計画は、ボタンのかけ違いのように、あとのすべてが狂います。ただ、はじめから完璧《かんぺき》な計画はありませんから、テストをし、小さな失敗、ミスを修正しながらしだいに精度の高い計画を立案し、本番にそなえます。

Ｄｏは「実施」です。大切なことは計画通りの実施で、それでこそ計画したことが意味をもちます。計画立案時と比べ、状況に大きな変化があれば、当然、計画を修正してからの実施になります。

Ｃｈｅｃｋは「検討」と訳され、大切な３つのステップがあります。

すぐれたリーダーは問題を的確に把握する

目標　－　現状　＝　ギャップ　＝　問題

○定量的目標

（売上目標）　－　（現状の売上）　＝　不足の売上（問題）
100万円　－　80万円　＝　20万円（不足）

○定性的目標

あるべき姿　－　現状の姿　＝　不足・不備・不満・不具合の姿（問題）
①ボード消しのあるべき姿　－　ボード消しの現状の姿　＝　ボード消しの問題
②顧客満足の向上　－　現状の顧客満足　＝　顧客満足の問題

＊定性的目標は、チェックリスト化でほとんどは点数化、定量化できる

第1ステップは、**目標達成数（額）、および、目標達成度（%）を定量的に把握します。**

たとえば、今月の売り上げ目標１００万円、売り上げ実績80万円とすれば、「売り上げ実績80万円、目標達成度80％」と把握、認識します。

また、定性的目標、たとえば、「ボード消しのあるべき姿」や「顧客満足の向上」などはチェックリスト化して定量化することが可能です。「ボード消しのあるべき姿」は、①決められた場所に常に置かれている。②フェルト部分はインクで汚れていない（ボードを消したときフェルトに染みたインクでボードがかえって汚れるようなことはなく、きれいに消せる）などです。それらをチェック項目として

チェックし、目標の姿を100点として、現状は60点、よって問題は40点不足と定量化するわけです。

第2ステップは、**成功と失敗（問題）を分けて把握、認識することです。**

成功とは達成できたこと、失敗とは達成できなかったことです。この例では、成功は80万円売れたこと、失敗は目標対比で売り上げ20万円不足ということです。

通常、取り返しのつかないこと、挽回《ばんかい》できないことが「失敗」で、たとえば、今日が年度末の締め切り日で、20万円不足が確定という場合は、「失敗」という概念になりますが、それ以外は来月以降に挽回できますから、「失敗」でなく「問題」という概念になります。

通常は取り返しのきく「問題」として論じられる場合がほとんどです。

問題とは、目標から現状をマイナスしたそのギャップをいいます。概念の算式では、

目標－現状＝ギャップ＝問題　100万円－80万円＝20万円（不足）

となります。

第3ステップは、**「問題」については原因を、「成功」は要因を分析、把握することです。**

大切なことは、なぜ、問題（売り上げ20万円不足）が起きたかです。この原因を取り除かなければ、また同じような問題が起こってしまいます。

たとえば、その主原因が、営業担当者の活動にあれば、営業活動の中身、つまり、訪問先、件数、アプローチ方法、商談時間、商品説明のし方、見積書の内容、価格交渉など、

細かく分析して原因を把握することになります。もし、原因が商品の競争力欠如にあれば、商品改良からアプローチすることにもなります。営業の場合、経済情勢やお客様の都合や競争相手の戦略などで受注は大きく影響を受けます。ですから、少なくともこちらのミス、商品力の不足などで受注の機会を失うことを避ける対策が大切になります。

一方、売り上げ80万円は達成できたのですから、この80万円は成功で、大切なことは、なぜ売れたのか、成功要因を明確にすることです。運だけで売れることはほとんどありません。先ほどとは逆に、主な成功要因が営業活動にあるならば、効果的営業活動の中身を分析し、その上手なやり方を５Ｗ１Ｈなどの要素でさらに掘り下げて把握します。

Ａｃｔｉｏｎは「処置」と訳されています。**ねらいの1つは問題解決です。**明確になった問題、原因に対する「処置」とは、原因ごとに「対策」を立て、同じ問題が再発しないように次の「計画」に組み入れることです。そのあとはその対策を「実施」（Ｄｏ）することになります。

Ａｃｔｉｏｎのねらいの**もう1つは標準化です。**売り上げ80万円の成功要因を分析、把握したら、その中でもっとも効果的なやり方を決めて標準化し、次の営業活動プランに組み入れ、再度実施し、定着させます。

今日できたことが、明日も同じようにできる保証はありません。マインドも能力も日々変化するからです。成功の再現のため、標準化を徹底することが必要です。

ＰＤＣＡサイクルは問題解決、標準化の連続で、これを徹底していけば、仕事のやり方は洗練、効率化され、着実に目標達成へとつながっていきます。

4 ＰＤＣＡを回す秘訣
松下幸之助の「かみしめる」、本田宗一郎の「反省する」

私たちがはじめてやることはすべて試行錯誤です。たとえば、私たちは赤ちゃんのとき、スプーンを床に落とし、ご飯、ミルクをこぼし、歩きはじめたときは転びました。何事もはじめてのことは試行錯誤で、これはいわば宿命です。その宿命を乗りこえて私たちは成長しますが、**試行錯誤を少なくし、もっとも合理的に問題を解決し、目標を達成する方法がＰＤＣＡサイクル、能力的に表現すればＰＤＣＡ能力で、これこそが前述したとおり成功の法則です。**

きれいな文字を書くのも、素敵な絵を画くのも、美しい音楽をかなでるのも、おいしい料理をつくるのも、速く走るのも、人がよりよいものを追求する行為はすべてＰＤＣＡの産物です。

おいしい料理をつくろうと思い、ＰＤＣＡを回し続けるからおいしい料理ができるのです。

ところがこのＰＤＣＡサイクルをきちんと回せず、同じような失敗を繰り返したり、今できたことが次にはできずに、成功の軌道に乗れないことが実際は多いわけです。このサイクルをうまく回すポイントはどの辺にあるのでしょうか。

経営の神様といわれた松下幸之助はあるとき、成功の秘訣は何かと問われて、おおよそこう答えています。

「私は体験することが大事だと思います。体験というのは何も特別なことを経験することではありません。誰もが体験できます。どうすればよいかといえば、**1日1日あったことをよくかみしめてみることです**。今日は何がうまくいったのか、なぜうまくいったのか。また、今日は何がうまくいかなかったのか、なぜうまくいかなかったのか、よくかみしめてみることとです。このことを**3年も続ければ誰もが立派な体験をしたことになります**」

松下の説明から、「体験」はPDCA全体のことを意味していることは明らかです。計画も実施も必須です。それがなければ、「かみしめてみる」ことはできません。でも、松下が体験、すなわちPDCAの中で強調したのは、「かみしめてみる」で、それはPDCAのうちの「Check＝検討」と「Action＝処置」を意味しています。

松下幸之助においてさえ、計画立案、実施するより、日々「かみしめてみる」ことが難しいことであり、もっとも意味深い行為と感じていたから、**「体験」を、すなわち「かみしめてみること」と表現して、Check、Actionの大切さを強調したのだと思います。**

日々、かみしめてみる、とはスピーディにこのサイクルを回すということです。もし、瞬時、瞬時にかみしめてみることができれば、あたかも事前に失敗や問題が向こうからくるのが見えて、的確な意思決定、対処ができます。かみしめてみることが1年に1回、1カ月に1回ではせっかくの成功の法則も間に合わなくなります。

ホンダ（本田技研工業）の創業者、本田宗一郎の言葉に**「成功は反省と努力」**というのがあります。

本田においても、成功は「努力」のみではなく、「反省」と一体なのです。**努力とは、ＰＤＣＡを何回も目標達成するまでくじけずに回し続けることです。反省とは、すなわち、Ｃｈｅｃｋ、Ａｃｔｉｏｎのことです。**

ものの順序からいえば、はじめに「努力」、次に「反省」と書くべきところですが、本田は反省をわざわざ頭に置いて、強調したのです。たぶんこれは本田宗一郎においてさえ、反省することが難しかったからであり、かつ、何はともあれ、現実、現物、現場をＣｈｅｃｋする重要性を深く認識し、また、後進に訴えたかったからです。

「成功にたどりつくには『失敗、反省、勇気』、この3つの道具をくり返して使え」は本田の名言です。

また、本田は次のような意味のことを幾度も言っています。

「肝心なことは成功であれ、失敗であれ、なぜそうなったのかを論理的に確かめてみることである」

これはすなわち、松下の「かみしめてみる」とまったく同じ意味でしょう。

２人の昭和を代表する名経営者は、タイプは異なりますが、幾多の成功や失敗の経験をふまえ、成功の秘訣はＰＤＣＡであることを語り、かつ、それを的確に回すポイントとして共に強調したのは、「かみしめる」「反省する」、すなわち、Ｃｈｅｃｋ、Ａｃｔｉｏｎでした。

企業のリーダーにＰＤＣＡに関してインタビューさせていただいたとき、ほとんどの方は、こう答えました。

「ＰＤＣＡのうち、Ｐｌａｎ、Ｄｏは何とかやっていますが、確かにＣｈｅｃｋ、Ａｃｔｉｏｎが弱いですね。松下さん、本田さんがおっしゃったような意味を考えて、きちんとかみしめ、振り返り、反省してはいない、というのが正直なところです」

会社、職場、リーダー自身がＰＤＣＡをきちんと回していくために特に強化すべきは、やはり、Ｃｈｅｃｋ、Ａｃｔｉｏｎなのです。

Ｃｈｅｃｋ、Ａｃｔｉｏｎが弱くなる理由は大きく分けて３つあります。

１つ目は**Ｐｌａｎの段階で、Ｃｈｅｃｋ、Ａｃｔｉｏｎの方法を明確に決めていないため、ついＣｈｅｃｋ、Ａｃｔｉｏｎのステップをいいかげんに過ごしてしまうのです。**

いつ、どうやって、誰が、どんな尺度で目標達成数値を把握し、問題、原因の分析をするのか。また、その結果を誰に伝え、問題、原因のレベルに応じてどう対策をとるのかを計画時に決めておかねばなりません。それをあいまいなまま仕事をはじめるために、問題が起こったとき右往左往して場当たり的に対処し、何とか乗り切ると、原因分析を徹底的にやらず、根本的問題解決をしないまま、次の仕事にとりかかってしまうのです。

２つ目は、**時間がないという言い訳です**。今日が終わると、明日のこと、今月が終わると来月のことで頭がいっぱいで、日常も多忙、振り返る時間がないというのです。時間はつくるものです。時間があれば、検討、処置（Ｃｈｅｃｋ、Ａｃｔｉｏｎ）し、時間がなければ簡単な検討、処置でよいという、安易な考えでは成功の法則など実践できません。それは、努力しないということと同義です。忙しくても、Ｃｈｅｃｋ、Ａｃｔｉｏｎの時間を最優先にとるようにすることです。

時間をつくるためには、スケジュールを組むか、問題に気づいたとき、Here And Now の原則（ここで今、やる）の実践で生み出すしかありません。明日ではなく今日、今やるのです。

こうした習慣を続けているうちに、Ｃｈｅｃｋ、Ａｃｔｉｏｎが、特別意識せずスムーズにできるようになります。

３つ目は、**厳しさをきらうためです**。

Ｃｈｅｃｋ、Ａｃｔｉｏｎは、本田の言うとおり「反省する」ということです。反省は過去の自分の言動に誤りがなかったかを見つめることで、厳しい心的態度です。私たちは自分に厳しくすることは好きではないため、このステップをいいかげんにします。

「まあ、ツイてないな。しかたないよな」などと自分を甘やかし、また、部下のミスに対してもきらわれるのを恐れて、「これからは気をつけてね」程度ですますか、もしくは何もしないでＣｈｅｃｋ、Ａｃｔｉｏｎをまたいで通ってしまうのです。厳しくしてきらわれたくないという保身の心が働くからです。そうなれば、リーダーの役割は果たせず、リーダーの喜びも味わうことはできなくなります。

Ｃｈｅｃｋ、Ａｃｔｉｏｎの過程で、真に工夫、改善、改革がなされていくのですが、その出発点は、自分のあり方、やり方のまずさ、不足、ミスを見つめるという、つらい作業のため、つい手抜きをしてしまうのです。

ＰｌａｎとＤｏだけでは、真の問題解決にいたりません。しっかりとＣｈｅｃｋ、Ａｃｔｉｏｎを実践するためには、Ｐｌａｎの段階で、Ｃｈｅｃｋ、Ａｃｔｉｏｎの方法を決めておく、時間はスケジュールを立てると同時に、「ここで今」の原則を徹底する、自分への厳しさが成功への道であると思いきわめることです。

挑戦的目標に挑めば、簡単な達成はありえず、次々にもち上がる問題にリーダーといえども一時は弱気になります。しかし、世の成功者、名リーダーは自分の弱気、甘えを振り払って、自らを鼓舞し、厳しい反省のステップをしっかり踏みしめ、あくまで目標達成をあきらめず、粘り強く成功の法則を実践し続けています。

第3章

リーダーシップ発揮の13ステップ

小倉昌男は宅急便をどう成功させたか

リーダーシップは、成功の法則・PDCAサイクルを核として発揮されますが、より具体的な手順は、「現状の把握」から「成功感の共有」まで、およそ13ステップになります。

リーダーシップ発揮の13ステップ

1. 現状を把握する
2. 目標を設定し、部下（人々）と共有する
3. 部下（人々）の目標と役割を明確にする
4. プランを立案する
5. 権限委譲をする
6. 教育を実施し、かつ、自己啓発をする
7. 部下（人々）へ実行の働きかけをする
8. 進捗状況を把握する
9. 成功と失敗（問題）を分けて把握する
10. 問題は原因を分析し、対策を立案し、実行する
11. 成功は要因を分析し、標準化し、実行する
12. 成果を把握し評価する
13. 成功感を共有する

各ステップを、日本ではじめて宅配便事業を起こした元ヤマト運輸社長・小倉昌男の卓越したリーダーシップを例にして説明しましょう。

1　現状を把握する

小荷物宅配需要の調査

何事をはじめるにも、現状を把握することは必須のことです。会社内外の情報を収集し、的確な組織目標の設定、計画立案に役立てます。

(イ) 外部情報は、政治、経済、社会、技術の変化をとらえることです。**中でも大切なことは、お客様のニーズ、需要が今後どう推移するかです。**需要は増えるのか、その中身は何か。減るのか、その量はどのくらいか。的確な把握のためには、統計需要データはもちろん、現場に出て、お客様のナマの声を直接聞くことです。**お客様の要望はもとより、お客様自身が今後の世の中の動きをどのように読んでいるか、聞いてみることです。**新製品、新サービスの開発のアイデアの多くは、そこから生まれています。

(ロ) 外部情報でもう1つ大切なことは、**競合他社の戦略（製品、価格、顧客、販促策など）を知ることです。**特に海外を含めた顧客・販路開拓、製品開発、価格政策、販売促進策、広告宣伝策、環境問題への対策などを分析して、自社の方針、戦略、目標設定に的確に反映させていきます。

（ハ）内部情報は、自社の成長、生き残りのための経営トップの方針や目標をよく理解し、かつ、上司、部下、他部門などの現状認識、期待、意見を把握することです。

以上はあたりまえの現状把握項目ですが、リーダーの多くは、目先の仕事、目標達成に走り回っているだけで、これらについて熱心に情報収集、分析している人は案外少ないものです。したがって、これらに常に関心をもち、今後何をすべきかを研究するリーダーは大きなチャンスをつかむことができます。

story-12

1971年、父の後を継いだヤマト運輸（当時、大和運輸。以下、ヤマトと表示）2代目社長の小倉昌男は、業績不振に陥っていた会社をどうしたら立て直せるか、日夜考え、不振の原因を知るため自社の現状分析をしました。当時、ヤマトはデパート、メーカーなどの商業貨物を運送する会社でした。わかったことは、主に次の2点でした。

①商業貨物は、実は大口より小口配送の方がもうかるが、それにまったく気づかず大口をメインに事業経営をしていた。

②個人の小荷物にはニーズがありそうだ。

小荷物ニーズは、小倉自身の経験からも感じたことでした。あるとき、小倉が千葉の親戚に物を送ろうとしたのですが、簡単に送る手段がなかったのです。当時、トラック運送会社はどこも宅配をしていませんでした。運送業を営む社長の小倉さえ困ったほど、一般家庭から小荷物を送ることはきわめて不便でした。国鉄小荷物と郵便小包はありましたが、当時、国鉄や郵便局の職員たちはサービス精神に欠け、きわめて横柄な態度でした。しかも届くまでの日数も国鉄は1週間くらい、郵便局でも4、5日かかったのです。こうした状況もふまえ、小倉は家庭の宅配のニーズはあると実感したのです。

トラックの小荷物宅配がなかった理由は、いつ、どこの家庭から需要が発生するかわからず、集配効率が悪いと考えられていたからです。

しかし、小倉は、お客様にとって便利な宅配、つまり、全国規模のネットワークを築き、集配効率をアップすれば、必ず確実な需要を生み出せ、事業として成立させることができると考えました。74年頃のことです。

小倉は、東京都中野区のある町の約2000世帯を社員に訪問させて、小荷物が年間何個くらい出るかを調査し、他方、郵便小包の需要統計も調べました。その結果、日本では年間1250億円の需要があることをつかんだのです。

2 目標を設定し、部下(人々)と共有する

ワーキンググループの発足

現状を把握し、上位の方針、目標をふまえて、自部署が達成しなければならない目標を明らかにし、部下と目標に関して共通認識をもつようにします。**目標は挑戦的で、かつやりとげる価値があることを部下(人々)とともに認識できることが条件です。**

挑戦的で容易に達成できない目標だからこそ、より以上のチームワーク、すぐれたリーダーシップの発揮が必要になります。目標達成の過程で、同時に、チームメンバーの能力の増大、相互信頼感の醸成などが実現されていきます。

目標を共有するには、目標設定に部下を参画させ、よい意見は取り入れます。一方的に押しつけられた目標では部下のやる気は起きません。ただ、教育や訓練不足の部下の多くは挑戦的なものを避け、易きにつこうとする傾向がありますから、リーダーが熱意をもって高みに上る必要性を、何度も語りかけ、伝えていかねばなりません。

story-13

小倉は、地域別均一料金、翌日配送を目標として事業を構想していきました。
これはそれまで日本に存在しないきわめて独創的、挑戦的な業態、新しいビジネスモ

デルでした。その構想を社内で話すと、全役員、相談役の父親も反対でした。大口は効率的、小口は非効率、まして個人の小荷物を集配するのは事業にならないと彼らは頭から考えていたのです。

それでも小倉は、あらゆる会議で熱心に危機脱出のため、新規事業の宅配便をやるべきであることを、集配システムのアイデアや需要量などを根拠に説明しました。

反応がまったく冷ややかな中で、わずかに、しかし真剣に小倉の意見を聞いたのは、労働組合の幹部たちでした。現場の社員は、自社の損益の悪化、競合他社の売り上げの伸び、顧客の声などから将来に危機感をもち、やがてくる自分の雇用の不安を肌で感じていました。そうした現場社員の日頃の言動から組合幹部は危機意識を強くもっていたのです。

小倉は事業立ち上げのワーキンググループを発足させました。メンバー数は約15名、若手社員に加えて、反対一色の社内の中で消極的ながら賛成の意向を示してくれた組合幹部を説得して参加させました。小倉はこの活動の中で部下とのコミュニケーションを深め、**危機脱出方法、すなわち、宅配事業立ち上げの方策を共有していきました。**

ワーキンググループの1人に選ばれたのが、現ヤマトホールディングス社長の瀬戸薫でした。瀬戸は入社5年目、27歳でした。小倉から「宅急便開発要綱」を示されました。そこには5つのことが書かれていました。すなわち、

①需要者の立場に立ってものを考える
②不特定多数の荷主または貨物を対象とする
③他より優れ、かつ均一的なサービスを保つ
④永続的、発展的システムとしてとらえる
⑤徹底した合理化を図る

はじめて聞いたメンバーは全員驚きました。瀬戸より年上のメンバーが、「それは無理、できない」と考えたのに対し、瀬戸は、「驚きはしましたが、面白そうで取り組む甲斐がありそうだ。社長の考えを研究しよう」とはじめから思いました。

小倉のビジョン、目標は、面白そうだと受け止めた瀬戸らの若い人々に共有されました。

それでも、商業貨物しか知らない瀬戸は、「要綱」のうち意味がピンとこないものもありました。

たとえば、「均一的サービスを保つ」の中身の1つである「地域別均一料金」ということです。コスト積み上げ方式料金が常識であった当時の瀬戸たちにとっては、「コペルニクス的転回でした」というほどの衝撃でした。

また、「需要者の立場に立つ」とは、荷物の委託者のことか、受け取る人のことか。このことは、ワーキンググループで小倉は瀬戸らとのディスカッションを通じて、徐々に

整理していきました。すなわち、瀬戸は言っています。

「委託者（お客様）の思い、たとえば、果物なら果物を受け取る人においしく食べてもらいたいという気持ちを、ヤマトが運送行為を通じてお届けするのです。これは絶対です。その実現のためヤマトは、いかにして、受け取る人（お客様）に気持ちよく、便利に受け取っていただけるか、どこまでも追求する使命があります。ここにサービス第一ということの本質があります。小倉はこのことを徹底的に社員に求めました」

ワーキンググループは週2、3回開かれ、ときに泊まり込みで行い、わずか2カ月で「宅急便商品化計画」というマニュアルを作成したのです。


ちなみに、「宅急便」事業が本格化する前、1976年3月期のヤマトの売り上げは350億円、経常利益率は0・07％でした。この数字はあとで述べるように、たった5年で劇的に向上します。

3　部下（人々）の目標と役割を明確にする

意識の違いがもたらすサービスの差

部下（人々）の能力、意欲、経験、実績を把握した上で、本人の希望もすり合わせ、それぞれの部下の達成すべき挑戦的目標、職務役割、権限、責任を明確にし、遂行を約束させます。

目標は定量化することが大事です。定量化すれば、あとのＣｈｅｃｋがしやすくなり、かつ、客観的な評価が可能になります。一見難しそうな、定性的目標もチェックリスト化などによって定量化できることは前に述べたとおりです。

職務役割の遂行には必要な権限を与えなければなりません。権限が与えられると、役割遂行の強い責任感も生まれます。役割分担はメンバーに責任感を植えつける上で大事ですが、ただ、うっかりすると〝自分の仕事さえすればいい〟といった専門化、分業化の弊害が生じます。それを避けるため、明確な役割の指針が必要です。

チームワークが先か、自分の仕事が先か、となったら、可能な限りチームワークを優先することをルールとし、全員が〝チームの中の役割〟を担っている認識をもたせることが大切です。

story-14

宅配事業がスタートし軌道に乗りはじめた頃を振り返って、小倉は、ヤマトのセールスドライバー（ＳＤ）の目的意識、役割意識の高さを大要次のように称えました。

――彼らは、目的をしっかり理解して仕事をしている。たとえば、各人は自分の集荷したものが、翌日、目的の場所に配達されるには、自分はどの荷物を何時までにどこ行きの運行車に積みこまなければならないか、強い責任感をもって仕事をしている。単に分業の一部を担当しているという意識なのではない。リレーのチームでチームの勝利のため最善を尽くすのと似ている――

「それが結果として、宅急便と郵便小包のサービスの違いとなって表れる」

小倉の言葉通り、「宅急便」はお客様の圧倒的支持を得て、郵便小包のシェアを猛烈な勢いで奪い取り、かつ、宅配という新たな小荷物需要を創造、開発していきました。

それを可能にしたのは、「新事業成功のために私たちは頑張るぞ」という社員の役割、責任意識であり、**全体の成功のため、自分はいつまでに、何をしなければならないかという思考を1人ひとりの社員がもったからです。**小倉のリーダーシップがそれをもたらしました。

4　プランを立案する
取次店、配送センター、SD

組織目標達成のため、年間、半期プランをリーダーが作成し、部下に示し、その計画にそって、部下に詳しい月間、週間のアクションプランを立案するよう要請します。

作成された部下のプランをよく読み、リーダーの目からみたとき、あらかじめどこが一番のネックか、リーダーの支援が必要な事柄は何かを考えておきます。その上で面接をし、部下に、プランの最大のねらい、方法、前期（前年）との違い、工夫、改善点を述べさせます。

プランは目標達成のために役立つことが第一条件ですが、ネック個所などが、**前期より効果的、合理的、効率的になるよう工夫、改善されていることが大事です。**部下自身の挑戦行動、改善事項は何かを申告させ、アドバイスをし、活躍を期待している旨を告げ、部下のモチベーションアップを図っていきます。

また、部下自身が作成したプランのうち、心配な個所などを遠慮なく述べるようにさせ、かつ、リーダーに期待する支援は何かを聞き出し、可能な支援は約束し、アラームを上げるタイミング、支援のし方を打ち合わせて、部下の心配を取り除くようにします。ただし、心配ごとが単なる部下の甘えである場合は、「自分で考えてみなさい」「自分でまずやってみなさい」などと突き放すことも必要です。

story-15

さて、個人の宅配需要は散発的、偶発的です。小倉は、住宅地に小さな営業所を設け、そこから小型トラックを数台出して住宅地をこまめに回って小荷物を集めようと考えました。しかし、これだけでは集荷効率はアップしません。

宅急便をはじめてまもなく、小倉は、「主婦になじみのある酒屋、米屋に取次店になってもらうのがよい」というSDの提案もあり、取次店を設けることにしました。

このとき、小倉が強調したことは、「集荷は取次店にもご協力いただくが、配送はヤマトの社員が必ずやる」ということでした。瀬戸はその意図を解説しています。

「小倉社長は、お客様（受け取る人）への配送のし方、サービスがヤマトの生命線であると考えていました。『ついでに、ある部分、取次店に配送も頼もうか』という目先の便利主義的考えを否定したのです。小倉は中・長期的ヤマトの事業戦略としての集荷・配送の姿を常に考えていました」

取次店は細かく分布するように設け、また、たった1つでも家庭に集荷にうかがうことにしました。郵便局ではやっていない差別化戦略です。

今日、ヤマトの取次店はコンビニエンスストアなどを含め約26万店、ちなみに、郵便ポスト数は約19万カ所です。ポストの数をはるかに上回ったのです。小倉の構想はみごとに実現しました。

加えて、小倉はベース基地となる配送センターを全国につくることを考えました。いくつつくるべきか、郵便局の数、公立中学校などの数を参考にしましたが、地域の治安維持にあたる警察署の数が1200カ所、これが一番妥当性のあるものと考え、センターの目標数を1200としました。現在、ヤマトの宅急便事業所は3900カ所を超えています。

集配車が1日どのくらいの荷物を扱えば損益分岐点（赤字か黒字かの分かれ目となる

売上高）を超えられるかも計算しました。

その際、**ＳＤは物を運ぶ単なる運転手でなく、お客様に接する、感じのよいセールスパーソンでなければならないと小倉は指示しました。**

集配を担うＳＤの接客態度が宅配事業の成否を分けるととらえたからです。もしＳＤの態度が悪く、信用してもらえなければ荷物は預けてもらえず、また、荷物を届けても警戒されればドアを開けてもらえないからです。正確、迅速の集配サービスも実現が困難になります。

それまで商業貨物輸送をしていたＳＤたちの教育を徹底しました。ＳＤも自分をセールスパーソンに変える努力をしていきました。また、それにふさわしい人材を採用しました。

5　権限委譲をする
ＳＤへの仕事の一元化

プラン作成の前後、部下各人のマインドレベル（ここでは意欲）、能力を見きわめ、経験を配慮し、目標達成、部下育成の視点から、教えるべきことを教え、訓練し、支援事項、委任事項を決め、部下の最大限の力の発揮を求めます。

その際、部下のマインドレベル、能力が高く、その仕事への経験が深ければ、プロジェクトや職務目標のみを示し、方法論は極力任せることになります。つまり、その仕事をやりとげる能力が高いと考えられる人には信じて任せます。任せることによって、その人の力を発揮しやすくします。ただし、タイムリーな報告、連絡、相談（ホウレンソウ）はしっかりと行うよう約束させます。任せきりでは、部下側も心配ですし、リーダーに必要な情報が入ってこなければ状況変化に応じた的確な指示、指導もできなくなります。**信じて任せても、ホウレンソウはしっかりさせるわけです。**

逆に、部下のマインドレベル、能力が低く、経験が浅ければ、方法を明示し、1つひとつの業務の開始、中間、終了での密なるホウレンソウを求め、また、そのつど指示を出して、無用な心配、不安をもたせず、確実、効率的に業務を遂行させます。部下は小さな成功の経験を積むことによって達成感を味わい、自信を深めて成長していきます。目標達成を主眼に、現在もっているマインド、能力の度合いに応じ、また、今後の成長のチャンスを与える意味から権限の委譲の範囲、程度を決めていきます。

story-16

「宅急便」をはじめるとき、小倉はドライバーたちに、仕事のし方を変えてもらうよう説明しました。今までの運送業は、営業し、注文をもらい、伝票に入力し、荷物を集め、運び、届け、集金する、あるいは問い合わせに答えるなどの業務を分業で行ってきましたが、それをすべてSD1人でやってほしいと言ったのです。いわば、SDへの仕事の統一化、権限委譲ということです。

この方法は古株のドライバーたちからはほとんど拒否されました。自分たちは車の運転が好きで入社した。パソコンの入力は女性の仕事、集金なんぞはまっぴらごめんというのです。

そこで、SDには極力、新規採用者をあてることにし、特に営業の経験者を採用しました。彼らは、前述の業務を1人でやっていた人がほとんどで、少し教育すると小倉の目指すSDの仕事をすぐにのみこんでくれました。それを見て、当初文句を言っていた古株たちもSDの仕事を理解し、身につけていきました。

また、運送業ではどうしても荷物に関する破損などのトラブルが起きます。事故があれば、荷物の損害額の確認、そのための補償金額の交渉などで、SDの上司であるセンター長は3週間くらい時間をとられることもあります。その間、お客様には荷物の事故に加えて、よぶんに不快な思いをさせてしまいます。

小倉はこの問題を解決するため、**現場第一線のSDに、荷物事故の際の処理権限を委譲しました**。たとえば、汚れ、破損、盗難などに関する処理権限を1件30万円までとし、翌日、SDが現金をもっておわびにうかがうようにさせたのです。

6　教育を実施し、かつ、自己啓発をする

「宅急便商品化計画」による実務教育

リーダーは、部下を教育する役割を負っています。教育しない、あるいはできないリーダーはリーダーとはいえません。部下のマインドレベル、能力、知識、経験に応じた教育の機会は必ず与えねばなりません。

仕事の実施、経験による自学自習は貴重ですが、1人の人間の経験は狭く、袋小路に入ってしまうこともあります。リーダーの指導によって、行きづまっていた部下の視界がいっぺんに開けるということはよくあります。リーダーが体験したこと、また、リーダーが諸先輩から学び受け継いでいることを、瞬時に伝えうるのが教育の素晴らしさです。

教育は、ふつう仕事の実施に先立って行う、職場外での訓練であるＯｆｆ ＪＴ（Off the Job Training）と、仕事の実施中のＯＪＴ（On the Job Training）があります。

リーダーとしての教育のメインは、ＯＪＴです。仕事を命じるとき、報告を受けるときなど、さまざまな場面で気づいたことを気づいたときにアドバイスする一方、数カ月から半年くらいをかけて計画的に、ときに、育成計画書を作成し、期待水準までＯＪＴを実施していきます。

一方、リーダーは不断の自己啓発が必要です。部下に勉強を求めるだけで自分は勉強し

ていない人は、やがてその地位を追われることになります。勉強しているリーダーとそうでないリーダーを部下は鋭い目で観察し、心の中で仕分けています。

年度ごとに自己啓発プランを作成し、テーマを決めて専門書や人間的成長を目指した本を読む、世の中の動きや、今後の仕事に関する新聞を読む、読むだけでなく、要点をメモする、必要個所をファイルする。また、自分の考えを人に話し、意見を聞き、議論する、あるいは論文を書いてみる、といったことを通して自分を常に高めることです。もちろん、仕事を通じて自分を高めます。自らを磨いている自分が部下をみたとき、部下の教育ポイントも的確にわかり、効果的な教育へとつながられます。

story-17

小倉が「宅急便を開始したい」と言ったとき、前述のとおり、役員は全員反対でした。小倉は、先に見たとおり「宅急便開発要綱」をつくってコンセプトを明示し、しだいに理解を得ていきました。また、若手社員、労働組合員も参加させ、ワーキンググループを立ち上げ、具体的開発プランを作成させました。やる気の高まったワーキンググループは「宅急便商品化計画」をわずか2カ月でつくり上げました。

同計画の中で決められた事柄は、たとえば、「商品名称」は「宅急便」とし、「対象貨物」は重さ10キロ以内、「サービス区域」は太平洋側からスタートとし、「サービスのレベル」は翌日配達と決め、その他、「運賃」などに関して明示しました。

部下たちは小倉から出されたこうした大きな課題について検討し、小倉をまじえて研究したのです。これは宅急便導入前の実務教育でもありました。

もちろん、小倉自身は宅急便を導入する前、数年かけて宅急便を研究し、その後も、生涯、マーケティングや経営に関する多くの本、聖書なども研究し、人の話からも学び、人格、教養、経営能力を高める努力をし続けていきました。

7 部下（人々）へ実行の働きかけをする
「サービスが先、利益は後」

プランができ、事前の教育訓練ができたら、あとは、実行あるのみです。成果は粘り強く実施することによってしか生まれないことを伝えます。ともかくも実行、計画通り、訓練通りの実施を求めます。

少し実行してうまくできないからといって、すぐに計画の見直しをすることはしません。

実行できるプランをつくったはずであること、うまく実施できるまでやり通すくらいの気力が必要であることを訴えます。初期段階のミス、計画とのズレはつきもので、それでおじけづくマインドの弱さをリーダーは認めてはなりません。こうした場合、**「できるま**

でやりなさい」と要求を出し続ける強さがリーダーには必要です。

リーダーになったときの初心、リーダーの使命を思い出してここは辛抱し、部下（人々）の行動を強く求めることです。

「計画通りできているか。できないならなぜかを考えて、自分の行動に修正をかけなさい。PDCAサイクルを素早く回すこと。やればできる。もともと挑戦的な目標と計画だ。大変な努力が必要なことはわかっていたはずだ。すぐにはうまくはいかない。でもあきらめず、やりとげよう。頑張ろうじゃないか。私にできることは遠慮せず言いなさい、できる支援はするから。でもただの努力不足で支援だけを求めてはいけない」

もちろん、思いもかけない物理的、技術的な障害で遂行が困難になったならば、ただちに計画、やり方の工夫、改善をすることになります。

story-18

1976年1月、小倉は社運を賭けて、体制が整った地域から営業を開始していきました。小倉は、どうしたら売り上げが損益分岐点を超えるようになるか、それには荷物の個数を増やせばいい、荷物を増やすにはサービスをよくすればいい、サービスの差別化が最重要課題だ、と社員に訴えました。

「サービスが先、利益は後」という標語もつくりました。会議のたびに、

「これから利益のことは一切言わない。サービスを最優先してほしい」

と口をすっぱくして、サービスのある集荷、配達の実践を促したのです。

サービスのよい宅配便は、お客様に当然喜ばれました。

小倉はよくサッカーのプレーにたとえて、SDの役割、働きの価値を訴えました。『小倉昌男　経営学』（日経BP社）の中で、次のように述べています。

「ヤマト運輸では、社長も営業部長も一円も稼いではいない。SDがお客様のところから一個一個荷物を集荷する以外に収入の道はないのだ。つまりフォワードであるSDがシュートをしなければ一点も入らないのだ。シュートは、仲間からの的確なパスを受けて初めて有効なシュートができる。仲間が集荷して遠隔地から送られてきた荷物を確実に誠意をもって配達すれば、受け取った荷主から新規の取引が始まる可能性が出てくる。SDの判断と行動力が収入の増加につながることを理解して、優れたフォワードになってほしい」

小倉の言葉には、単に「やれ、頑張れ」でなくSDに対する敬意がこめられています。SDたちは誇りをもって自分たちの実行すべきことを着実に行っていきました。

小倉は経営者としての実行の大切さを、『経営はロマンだ！』（日経ビジネス人文庫）の中で、こう述べています。

「目的が決まる。目標が掲げられる。実現するための方法を考える。経営とは考えることである。でも考えても分からないことがある。そのときはやってみる。やってみれば分かることが多い。そして試行錯誤しながら前進する。やれば分かる――私が経営者として体得したことの一つである」

8 進捗状況を把握する
口コミで広がる宅急便の便利さ

測定日時を決め、たとえば、毎時、毎日、毎週、毎月といった形で、目標達成数（額）、および、目標達成度（％）を定量的に把握します。計画との比較、その原因を含め、部下自身に分析をさせて報告を受けます。情報システムを構築すれば、ほぼリアルタイムでこれらの数字は収集できます。報告を受ける前から同じデータをリーダーが共有し、マネジメントに活用している会社も多数あります。

データ情報だけでなく、現場の人々のナマの声を聞くことが、リーダーにとって特に大切です。数字だけでは本当に何が現場で起きていたか、起きているかはわかりません。部下の分析、考えをよく聞き、支援の必要のあるところを確認し、支援し、また一方、要所を押さえて、任せるところは任せます。

特にお客様の声、クレーム情報を大切にさせるようにします。

部下からの報告の内容には、あとに述べるステップ9、10、11、12に関する事柄も求めます。

story-19

小倉は、地域別小荷物の配送個数、売り上げ、翌日配達の状況、お客様の声を聞きました。

翌日配達は、大評判となりました。

「ホント、翌日に着くの。それじゃ、私もヤマトに頼んでみる」

翌日に着くことなど、それまでの国鉄や郵便ではありえないことでした。当時のお客様は半信半疑で翌日配達を掲げるヤマトに荷物を出したのです。そして、翌日に確かに届いたことを知って、お客様は次もヤマトに頼み、口コミで「宅急便」の確かさ、便利さを広げてくれたのです。

多分、小倉は、宅急便で例の千葉の親戚にうれしげに物を送ったに違いありません。親戚の反応もお客様の声として収集したでしょう。もちろん親戚からも、何か宅急便の翌日配達で送られてきたはずです。これは日本における物流の1つの革命でした。

9 成功と失敗(問題)を分けて把握する
問題は5W1Hで原因追究

前述のCheck、Actionの領域です。成功したこと、失敗したことを区分し、成功は要因、問題は原因をそれぞれ5W1Hで分析、把握します。

問題は、いわば火の粉で、放っておけば火を噴くことが多いため、先に手を打つべきは問題解決で、成功の標準化はあとになります。もちろん、同時進行できればそれに越したことはありません。

原因分析の際は、5W1Hのそれぞれの要素について、なぜ、なぜで追究し、それ以上原因を具体的にできなくなるまで掘り下げます。たとえば、決められた方法は守られていたのか。もし、守られていなかったなら、なぜ守られなかったのか、その原因をさらに追究します。また、守られていたなら、方法がそもそもおかしかったのか、それとも他の条件に変動があったのか、などをしつこく、真因がわかるまで分析します。この分析ができるように、部下を教育していきます。**目指すは、問題解決と業務の標準化です。**

ヤマトの事例は、ステップ10に記します。

10 問題は原因を分析し、対策を立案し、実行する

翌日配達達成のための配送日時指定

問題の原因分析後、原因に応じた対策を立案し、次の計画に対策案を組み入れ、実施します。そして、次に同じような問題が起きることを未然に防止します。すなわち、「問題解決」です。

story-20

小倉は、「翌日配達のシステム」をつくり上げ、実施し、お客様から驚かれ、かつ、大歓迎され評判になりましたが、毎日、「翌日配達」の達成度を調べてみると、留守宅が多いことがわかりました。大きい都営団地では、約40%が日中留守だったのです。

小倉は、〝在宅時に配達する方法〟を考えました。配送指定日時を書いてもらい「在宅時配達」を可能にし、また、不在連絡票により在宅時を確認し、再配達をしました。部下の衆知を集めて問題を1つずつ解決していったのです。

ずっとあとになってからの話ですが、**交通事故の情報が、上層部に上がってこないことがわかりました。**事故はただちに上に報告し、状況に応じた必要な措置をとります。事故を起こした本人には、過失の大小により、マイナスの査定があるのですが、上司には、制裁的なものは一切ないのです。それでも、上層部への事故報告は握りつぶす習慣

があったのです。おそらく、交通事故は本人にとって今後の昇格上、決定的ダメージになるという誤った認識があったからでしょう。

事故処理では、車両の修理費や弁償のためお金がかかりますが、事故を会社に黙っていれば正式なルートでは出金できないため、リーダーの権限内で出金することになります。そこで、資金捻出のために架空アルバイト料を計上していたのです。現場社員は、これを知っていても直接会社に知らせると密告になるので、労働組合を通して会社に伝えてくるのでした。こうしたことが会社のモラールダウン、腐敗につながることを恐れた小倉は、このときすでに相談役になっていたのですが、会長に復帰してこれを一掃しました。

11 成功は要因を分析し、標準化し、実行する
松下電器との取引解消

成功要因を分析し、迅速に標準化して、次の計画に組み入れ、実施します。

今日成功したからといって、明日も成功するとは限りません。人のやることは、常にバラつきが出ます。成功したのは、仕事のし方が要因ですから、そのもっともよいやり方を決め、訓練し、**次回も同じように成功できるように「成功の再現」を目指すことになりま**

す。仕組みも工夫、改善します。ときに、標準化の過程で問題解決も行われます。

story-21

宅急便が軌道に乗りはじめた１９７９年、小倉は宅急便という業態に専門化するため、大きな決断をします。それまで、並行していた商業貨物から完全撤退し、長い間、ヤマトの売り上げを支えてきてくれた三越と松下電器との取引を解消しました。

三越との取引解消は、当時の三越社長の出入り業者に対する数々の強引な押しつけ販売などに嫌気がさしたためでした。

松下電器は事情が違います。純粋に事業のあり方を考えてのことです。長距離大型トラックによる家電製品の大量輸送と、小型車で１個１個をコツコツ集配する宅急便とは、事業形態がまったく異なっています。

宅急便をはじめてから、小倉は、商業貨物の取引を徐々に減らすよう現場に指示していたのですが、現場では長年の取引先と縁を切るのは惜しくもあり、また、商業貨物の穴を本当に宅急便で埋められるのかという不安もあり、指示は守られていなかったのです。

小倉は、宅急便は正に社運を賭けた仕事であり、宅急便という業態を、全社をあげて徹底して専門化し、システムを磨き、標準化していくしか成功はないと考えました。松下はヤマトにとって一番大きな取引先でしたが、両事業の継続では虻蜂《あぶはち》取らずになることを恐れ、取引解消を決断したのです。小倉は松下電器に出向いて長年の厚誼に感謝しつつ、取引の解消をお願いしました。

小倉は、**大きな取引先との取引を断るという重大な決断をした理由と対策を社員に説明しました。**

社員は、背水の陣で体制をつくるという小倉の決断を、前向きに受け入れました。現場の管理者になっていた瀬戸は、小倉の決断を実行に移していかなければなりません。瀬戸は、当時の複雑な心理を述べています。

「『会社の方針で今後商業貨物のお取引はできなくなりました。御社の荷物はこれから運べなくなります。申し訳ありません。長い間お世話になりました』と非常につらい思いをしながら、1件1件、現場の管理者たちは取引のお断りをして回ったのです。でも、逡巡はしておれません。改革はときにドラスティックな決断により遂行されていくものです」

小倉は社員のやる気を得て、集荷、輸送、配達を改善し、標準化をし続けて最効率の宅急便システムをつくり上げていきました。

12 成果を把握し評価する
他社を引き離す「ダントツ3カ年計画」

日、週、月、四半期、半期などの時間単位を定め、個人、チーム全体の目標達成数、達成度を把握し、目標達成基準、成果評価基準にもとづき、成しとげた成果を把握、評価します。

チームの成功と要因、問題と原因の分析をし、より実り多い来期へとつなげます。また、個々の部下の業績評価をし、部下の自己評価をふまえ、今後の仕事の改善、留意点などを明確にし、目標達成、問題解決のアドバイスをしていきます。

story-22

宅急便は開始5年目の1980年度に、売り上げ699億円、経常利益39億円（経常利益率5・6％）を計上しました。5年前に比べて売り上げは2倍、利益は145倍に達しました。大きな成長、実績により、ヤマトの社員に自信とやる気が満ちていきました。

この間、小倉の成功を見て、同業他社は宅配市場に参入してきました。小倉は他社に圧倒的な差をつけ、一気に引き離すため、業務改善とサービス向上を目指した「ダントツ3カ年計画」を81年から3回、9年間実施し続け、集荷、輸送、配達のシステムを高度化し、サービスの品質、充実に努めました。

すなわち、情報システムの構築、全国ネットワークの構築、宅配用のウオークスルー車の開発、自動仕分け機の開発、スキー宅急便、ゴルフ宅急便、クール宅急便などの新サービスの開発を続々と行いました。

ウオークスルー車の開発について、瀬戸は語っています。

「小倉は、SDの立場で車を考えていました。日本では車は左側通行、右ハンドルで、右ドアを開けて外に出ますが、それは、後続車が右側で追い越していくので危険です。SDは毎日、何度も乗り降りをします。左ドアからの乗降が便利、安全なのに、助手席が邪魔して降りられない。また、車の中も動けないような低い天井、高い床の車ではSDの作業も窮屈です。それを小倉は大変気にしていました。私が九州にいる頃、小倉社長が出張で来ることを聞き、車の設計図をつくり上司に見せました。上司は、瀬戸君、設計図だけじゃ社長は喜ばんよ、とアドバイスをくれました。仲間とともに、実物の車の屋根を取り除いて、木材で模型をつくりました。当日、お見せすると社長は気に入ってなかなか車から出てきませんでした。そして、出てくると『瀬戸君、床を動くようにしたらどうか』とおっしゃいました。それから社長はトヨタ自動車工業（現、トヨタ自動車）の豊田英二社長に手紙を書いて、特注品の開発の依頼をしたのです。トヨタはそれにみごとにこたえてくれました」

さて、クール宅急便の開発プロジェクトは84年頃から始まっていましたが、冷凍、冷蔵のための車の開発、営業所の設備投資などのコストがかかり、開発は頓挫しかかっていました。

87年、瀬戸は、宅急便課長に任命されました。周りからは、クール宅急便の開発を担当することに同情されました。苦労が目に見えていたからです。大きな問題は、集配車内の冷蔵庫の電力が不足で、代わって冷却棒を用いたものを考えましたがうまくいかないのです。

瀬戸は研究を続け、蓄冷剤の研究を化学会社に依頼しました。すると、0度、マイナス7度、マイナス25度（コールド、チルド、フローズン）の蓄冷剤の開発が可能だとわかったのです。コスト負担も軽微、電力問題も解決できることになりました。

何事も実証してから提案することを求めるのが小倉でした。この案をもっていくと、小倉も、蓄冷剤がいいと考えていた矢先のことで2人の意見は一致しました。これで車の運送に関する保冷問題の解決の道筋は見えました（現在は電気冷凍庫、冷蔵庫を搭載している）。

しかし、瀬戸は、営業所内に冷蔵設備を設置するのはよいが、冷凍設備まで営業所や車内につくるのは、コスト的、市場的にも時期尚早と考えました。上司と相談し、冷凍設備の設置は見送るべきと実証的論拠を示そうと考えました。当時の小売店を調査し、冷凍設備のある小売店数がいかに少ないかというデータを示し、冷凍品の流通は少ないので、冷凍庫設置はしばらく待ちましょうと提案したのです。

小倉は瀬戸らに言いました。

「コールドチェーン（低温流通体系）が未発達だから小売店に冷凍設備がないだけです。ニーズはあります。ヤマトがその先鞭をつければいいのです」

瀬戸らも納得せざるをえませんでした。こうした経緯を経て、クール宅急便は開発され、お客様から大歓迎されました。

小倉は、**たえず宅急便のあるべき姿をＰＤＣＡを回し続けて探求し、競争にも勝ち続けていきました。**

13 成功感を共有する

働きがいを生むお客様からの称賛

もし、目標達成度が１００％以上であれば、心の中で、リーダーとしての自らのマネジメント、リーダーシップを大いに称賛していいでしょう。しかし、部下への称賛は、声を大にして惜しまずに行いますが、この逆をするリーダーは、鼻もちならないと批判されます。目標達成できたとき、たとえリーダーの大活躍があっても、成功は部下のおかげであることをリーダーは全員の前で明言するのです。部下はリーダーのおかげとわかっているのです。

「今度の成功、目標達成はみんなのおかげです。ほんとうにありがとう」と部下を称賛し、**成功感を分かち合い、共有することができて、リーダーは魅力的なリーダーになります。**部下に、来期もこのリーダーのもとで仕事をしたいと思わせられるリーダーが、長期的な勝利を得られます。部下の成功は、リーダーの成功に直結しているからです。

story-23

小倉は、社員を称賛した人でもありました。瀬戸が本社の労務課長のとき、適正人員の話をしてくれと札幌支店に呼ばれました。当日の朝、支店に行くと会長の小倉が来ているのをはじめて知りました。小倉は隣に座り、労働時間の工夫について持論を述べました。

小倉の持論は、瀬戸の考えとは正反対のものでした。瀬戸は内心困ったなと一瞬思いましたが、ここは言うしかないと、瀬戸はこれまでの研究からの意見を述べました。その要点は、配達業務は専任でSDが行う。仕分け、積み込み業務、戻ってからの事務処理業務は、別に専任のアシスタントスタッフをつける方が、SDの負担を減らし、かつ、業務効率がよい上に、人員も少なくて済むということでした。それを労働時間分析のデータにもとづき説明したのです。

じっと耳を傾けていた小倉はその説明をたちまち理解しました。小倉は論理的で、計算能力にもすぐれた人でした。そして、あとから瀬戸は支店長を通じてほめ言葉をもらったのです。

「会長が、『瀬戸君はよくやっている』とおっしゃっておいでだったよ」

瀬戸にとってなつかしい、小倉の忘れられないエピソードの1つなのです。

小倉は、社員福祉を大切にし、労使一体の信頼感を醸成していくことを重んじました。小倉のリーダーシップに、社員はもてる力を発揮してこたえました。

前線で働くSDにとって、何よりも感激だった称賛は、お客様である家庭の主婦から、集荷、配達時に、必ず「ありがとう」「お疲れ様」という言葉をかけられたことでした。それまで、大口の商業貨物の荷主にぞんざいな言葉を使われるような状態だったSDは感銘し、働きがいを強く感じました。

「宅急便のサービスを年中無休にしよう」と提案したのは労働組合でした。労組がなぜ、労働強化ともとれる提案をしたのでしょうか。

顧客の、「土日に届けてくれたらうれしいのだが」という要望に、多くのSDがこたえよう、お客様に喜んでいただけるならやろう、という気持ちをもったからです。

瀬戸は、宅急便について述べています。

「小倉社長が作成し、最初にワーキンググループの会合で示された『宅急便開発要綱』に掲げられた『永続的・発展的システムとしてとらえる』という意味が今はよくわかります。小倉の思いをヤマトの社員は確実に実施してきています。

これからも宅急便はわがヤマトの命であり、成長の源です。宅急便はグローバルに展開していきます。エンドユーザー、つまり、荷物を受ける人の立場に立って、益々いいサービスを開発、提供していきます」

小倉昌男は、社員のやる気を出させる方法、すなわち、リーダーシップの要諦を、次のように述べています。

「まず、企業の目的とするところを明確にする。達成すべき成果を目標として明示する。時間的な制約を説明する。競合他社の状況を説明する。そして戦略としての会社の方針を示す。その上で戦術としてのやり方は各自に考えさせる」（『小倉昌男　経営学』より）

小倉もまた、昭和を代表する名経営者の1人でした。

第4章

人の心を動かす

1 危機感を共有する
受け継がれた「企業遺伝子」が突破口を開く

人の心を動かす基本スタンスの1つは、危機感に訴えることです。それは、将来起きる可能性のある悲劇、困難を人々に訴え、同時にそれを未然に防ぐため、今、やるべきことを示し考えさせ、人々に奮起を促すものです。

アメリカ第35代大統領ジョン・F・ケネディの大統領就任演説は、名演説として語り継がれています。

ケネディは、演説の最後の部分で、「今日は、自由が奪われる最大の危機にあり、世界史上、われわれほど自由を守る役割を与えられた世代はなく、私は自由を守る責任を喜んで負い、われわれの努力は、わが国と国民とに輝きをもたらす」と述べたあと、次のように訴えました。

「それゆえ、わが同胞のアメリカ人諸君、国家があなたのために、何をしてくれるかを問うのではなく、あなたが、国家のために何ができるかを問うてもらいたい。わが同胞の世界の市民の皆さん、アメリカがあなたのために何をしてくれるかを問うのではなく、**人類の自由のためわれわれと共に何ができるかを問うてもらいたい**」

そして、「良心に従って生きることを誇りとし、神のご加護を求めながらも、この地球上の神の御業は、われら自身でやらねばならないと思いきわめ、**われらの愛する国をよりよくするために前進しよう**」と結びました。

このケネディのメッセージは、強い危機感と〝希望感〟を織りこみ、人々を感動で包み、前進への力を与えました。

人の心を動かす危機感について、もう少し考えてみましょう。

story-24

トヨタ自動車は、常に社員に危機感を訴えて伸びてきた会社であるともいえます。

1949年、戦後の超緊縮財政政策（ドッジライン）によって、自動車需要は激減しました。トヨタ自動車の創業者である豊田喜一郎は、資金繰りに困り、銀行から融資を受けようとしましたが、融資の条件は人員整理でした。ところが、賃金10％引き下げを条件に、「人員整理は絶対しない」と喜一郎は組合と覚書を交わしていたのです。結局、喜一郎は融資を受けるため、人員整理を行うという苦渋の決断をしました。その後、大労働争議が起こり、喜一郎は社長を辞任、2146人もの社員が解雇されました。

50年の朝鮮戦争の特需で会社は急速に立ち直りましたが、喜一郎は心痛のあまり病に倒れ、失意のうちに、57歳で死去しました。

当座の資金手当てのめどがつかなければ、いかに将来性のある業界にいても、会社は倒産します。喜一郎の無念、当時、解雇された人々の苦しみは、2度とあってはならないトヨタの悲劇として、代々のトップ、リーダーたちが、後輩たちに語り継いできました。そういう危機感を共有し、経営をしてきたからこそ、今日のトヨタがあるといわれています。

2000年当時、会長だった奥田碩《ひろし》は、連結経常利益1兆円を視野に入れながら、社員に、「1人ひとりが起業家、経営者の視点に立ち、『打倒トヨタ』の発想で改革に着手してほしい」**「最大の敵は『内なる慢心』」**と訴えました。

創業以来最大の利益を手にしつつ、なお、社員の危機感を喚起したのです。奥田は、危機感は人を行動に駆り立てる強烈なエネルギーとなり、現状打破によってのみ未来はひらけると強く認識しているからでした。

どの国でも、会社、個人でも、程度の差はあれ、危機は何度か訪れます。すぐれたリーダーは、それに備え、乗りこえるためにやるべきことを訴えつつ、先頭を進んでいきます。

story-25

大きな危機が訪れたとき、ある1部上場会社では、経営管理、総務、財務のチームリーダーたちが大部屋の隅で話し合いをはじめました。近くで執務する他の社員にも、その内容が聞こえるような場所です。

集まるように声をかけた1人のリーダーが趣旨を言いました。

「会社の置かれた状況は、社長から話があったとおりで厳しいよね。社長の話は、来期見通しの話だったが、うちは、このままでは来年赤字に転落だ。いずれ、社長からは危機突破のためにコスト削減などの要請がくるに決まっている。そこでちょっと考えたんだが、どうだろう、こちらから先手を打って、危機突破策を、社長に提案したらどうかと思うんだよ」

他のリーダーたちは、笑いながら応じました。

「いや、僕も考えていたんだ。そうしよう」

「危機突破のため、**どうせつらいことをやることになるんだから、言われてやるより、こちらで考える方が気分がいい**」

「そうだな。その方が社長もうれしいんじゃないか」

まるで井戸端会議のような雰囲気でした。この話し合いは15分程度で終わり、対応立案会議は、翌日の午後1時から会議室で開かれることになりました。これは非公開です。井戸端会議のような話し合いは、そばで聞き耳を立てている総務、人事部隊の若手社員に、自分たちのリーダーたちが危機突破のために立ち上がり、何をやろうとしているかを知らせることになり、危機感の共有をもたらしました。それだけでなく、次代を担う1人は、「リーダーになったときは、今度は、自分たちがこの井戸端会議をしていくことが必要なんだ」と思ったのです。人材育成がごく自然な形でなされたわけです。

翌日、リーダーたちは額を集めて具体策について知恵を絞りました。

危機突破のシナリオの内容は、損益分岐点を算出し、赤字を出さないために、売り上げのダウンに応じ、第1策として、残業ナシ、冷暖房費の削減、コピー代その他オフィスのムダ排除、交通費の削減、守衛、清掃業務の内製化、契約社員の契約更新停止、工場間の人員移動などムダ排除と効率アップのあらゆる策をあげました。それでもなお、売り上げダウンが続き赤字になるときは、第2策として、営業所の統廃合、工場閉鎖、トップと役員の報酬カット、次いで、社員の賃金カット、無給休日の増加、一時帰休制、ワークシェアリングの導入などを行うことにしたのです。自社の保有現金、有価証券、負債返済からみて、これで向こう3年はしのげると見積もりました。こうして、社員側から短期間で危機突破のシナリオをつくり、社長に提出しました。

社長は感謝の言葉を社員たちに述べ、策を見直し、優先順位を決め、「緊急15カ月計画」として、ただちに実行に移しました。社員自らが立てた不況脱出策ですから、すぐに徹底され、効果はてきめんでした。

この会社はトップ、リーダー、一般社員が危機感を共有することができ、業界の中でも大不況を一番に克服し、1年足らずで黒字転換しました。

実はこの会社は創業90年の歴史を有し、過去数回の危機の折、3代にわたるトップはそのたびに、全現場拠点を回り、自分の思いを語り、危機突破の実行策を説いてきていました。それがいつのまにか会社、社員たちの危機突破の体質づくりに役立っていたのです。

秘訣はそれだけではなく、「自社の歴史・創業の精神」を学び、自社の「企業遺伝子（DNA）」を明確にし、それを受け継いでいこうという、この企業独自の教育にもありました。

「企業遺伝子」とは、時代を超えて、企業を成長、発展に導くその企業独自の理念、思想、哲学などの価値観、そこから生まれる文化、風土、行動習慣・規範のことです。

過去の危機のとき、2代目社長が社員に訴えた肉声が労働組合によって録音されており、また、3代目の現在の社長が、経営危機のときに社員に語りかけた声も録音があります。また、当時の対策も社員の活躍も記録されており、それを研修教材として整理、制作し、全社員約5000名に、15年以上をかけて教育していたのです。当初、「会社の過去を分析したり、創業の精神を知ったからといって何も変わらない」という反論もあったのですが、今、その効果がはっきりと出た証拠の1つが、リーダーたちの危機突破のための井戸端会議、それに続く会議、提案、予測を上回る黒字化でした。

粘り強く教育を推進してきた担当取締役は、リーダーたちの危機突破策の提案を受けたときの感想を、次のように述べています。

「感銘しました。私は常に社員に訴えてきました。『**創業者の思いがあって会社が生まれ、**

その思いを先代社長、現社長が受け継ぎ、先輩社員たちが協力して、業務に励んできたから今の会社があり、私たちが就業でき、生活をし、人として成長もし、能力も増大しています。その意味で間違いなく私たちは、創業者、歴代トップ、会社にお世話になっています。また、もちろん、お客様、お取引会社様、株主様、地域社会、私たちを包んでいる自然に生かされています。それをあたりまえのように考えていてはいけないと思うのです。創業者の〝人を愛するという思い〟〝あきらめず勤めるという執念〟〝自然への欽仰《きんぎょう》〟を全社員が深く共有したら、今よりさらに素晴らしい製品、サービスが創造でき、強い競争力も生まれてくると信じています。創業者からの企業遺伝子のバトンを受け、何としても皆さん方の力で会社を支え、さらに成長しましょう。この会社は私たちが選んだ人生の舞台ですからね。この舞台をよりよいものにして次代に渡しましょう』『今回は久しぶりにきた危機、思いきり力を尽くすチャンスです。こういうときのために私たちは学習し、経験を積んできたのです』と。

　でも教育は1つのきっかけにすぎません。リーダーたちは自分たちのできることを自ら考え、よくぞ全社的、経営的視点に立って考え、みごとにやってくれたと思っています。彼らの自己啓発、成長は目を見張るものがあります」

　3代目に当たる現経営者は、こう言いました。

「創業者も、先代も、私も、危機がくるごとに経営革新へ力を傾けました。私の代のはじめての危機のとき、悩んだ末、危機突破のため打ち出した生産革新、経営革新策には強い反対があり、ほとんど私一人で危機に立ち向かうような孤独感のある状況でした。次の危機のときは役員がすぐ対応してくれました。今回は、マネージャークラスの中堅社員までが当事者意識をもって危機を乗りこえようと策を練り、実施してくれました。危機は歓迎すべきものではありませんが、乗りこえるたびに社員も私も成長し、会社は強くなってきました。竹の節のようなものですね。ありがたいことです」

危機を共有し、突破する際のすぐれたリーダーの話には次のような3つの共通性があります。すなわち、

①生き残れるか滅びるかの瀬戸際である。このままでは赤字に転落し、将来を失う（**危機の存在**）。

②しかし、今、全知を集結できれば、危機は突破可能である（**希望の存在**）。

③よって、やるべきことは、まずはコストの徹底削減、生産性の向上、次は成長戦略の立案実施である。共に力を尽くそう（**危機突破方法、成長戦略の存在**）。

すぐれたリーダーは、危機の存在とともにその突破が必ず可能であること、光の存在をいつも訴え、メンバーと心を1つにして、執念深く突破策を実施していきます。

2 諭す
バラバラの職場を再結集した店長の言葉

チームの気持ちがバラバラになれば、業績はダウンします。離れ離れになったメンバーの気持ちを再結集させたリーダーシップの例を見てみましょう。

story-26

家電の量販店Xは、東日本地区で約100店ある店の中で、1人当たり売上高が、ここ3年、ワースト5位くらいに低迷している店です。それ以前は上位20位くらいでした。立地条件は必ずしも悪くないのですが、4年前、近くに出店した他社の量販店にお客様を奪われ続けているのです。

会社は店の立て直しを期待して、36歳の新しい店長を送りこみました。

店長は、8人の正社員全員を集めて売り上げ低迷の原因を分析しました。近隣競争店と比較したところ、主な原因として、店舗の古さ、新製品の品ぞろえの悪さ、価格政策の不備、接客のつたなさ、商品知識の不足、在庫商品の整理整頓の不徹底などがあげられました。

その上で店長は、1人ひとりと時間をかけて面接しました。

そこでわかったことは、社員同士の人間関係の悪さでした。以前、こんなことがあったのです。

ある日、お客様からの電話に出たのがベテラン社員のCでした。お客様は、Sという若手の社員を指名しました。CとSは仲がよくありませんでした。その日もSとちょっとしたトラブルがあり、虫のいどころが悪かったCは、店内にいたSをよく捜さず、外出中と言って、しかも、取りつぎを忘れたのです。Sは何も知らず、夕方、再度お客様から電話が入り、強いお叱りを受けました。前任の店長は連絡ミスとしてお客様にわびました。

Cは店長に「考え事をしていてうっかり忘れました。すみません」と言い、Sにもおざなりに「悪かったな」とあいさつした程度でした。店長は、売り上げナンバーワンのCに遠慮し、軽い注意をしただけでした。被害者のSは当然怒りました。

ただ、Sはいわゆる軽いタイプで、これまでいろいろな連絡ミスをして、Cもその迷惑をこうむった1人でした。もともと仕事熱心なCと仲が悪くなった理由もこの辺にありました。

この店には、これに類するような話が他にもありました。

実は、売り上げダウンの原因は前店長時代にも、全員のミーティングで指摘されており、解決案までできていたのですが、いざ、解決案の実施段階になると、空中分解していたのです。それは、Sに限らず、互いに「アイツとはやりたくない」といった空気が店に蔓延《まんえん》していたためです。売り上げダウンの真の原因はここにありました。チームワークが壊れていたのです。

店長は、キーマンであるCを早速呼び、率直に切り出しました。

「私はこの店を1人当たり売上高で、全国の20位以内にしたいと思って店長になりました。前の面接では、頼りのあなたも含め全社員が、20位以内はしょせん無理と苦笑いしました。ほとんどの人が業績目標達成意識も顧客志向も希薄のようです」

Cは黙って聞いていました。店長は続けました。

「社員は、なんとなく、毎日店に出て、来店したお客様に笑顔を見せて、商品説明し、買っていただいている、という印象です。店員としてうれしそうにお客様をお迎えし、楽しく接客し、販売する喜びを感じて仕事をしている人は、残念ながら私の見たところいません。Cさんはどう感じていますか」

Cはかすかにうなずきました。店長は続けました。

「**来店してくださったお客様に本当に喜んでいただこうと思わなければ、店頭セールスのやりがいはありません**。みんなは、時間、青春のムダ遣いをしているのと同じです。このままではいくら全国20位以内を目指し、販促策を実施しても不可能な気がします。なぜこんなふうに店はなってしまったのでしょう。店ができた当初は違っていたはずです。Cさんはどう思っていますか」

Cは「そうですね」と言ったきり、答えませんでした。

ベテランのCは、前任の店長より先に店長になれると思っていたのですが、先をこされて、やる気を失い、投げやりな発言を繰り返し、Sもそれを見てよけい態度が乱れ、店全体のモラールダウンを招いていたのです。今回も自分は店長になれず、さらにやる気がなくなったところでした。

しかし、今日の店長の問いかけによって、かつて仕事に打ちこんでいたCは、店低迷の元凶は自分にあるとあらためて認識させられました。店長も、Cが昇進できず、やる気を失い、それが店に悪影響を与えていると考えていました。

Cの沈黙が必ずしも反発でないとみてとった店長は言いました。

「私は、店のことも、Cさんを含め、この店の仲間の生活のことも真剣に考えています。このままでは、この店の社員の給料は上がりません。閉鎖の危機さえある。でも、みんなが頑張ってくれれば、状況は変えられるし、給料アップも可能になります。そのためにもCさんの力がぜひとも必要です。この店をダメ店と言っている連中を見返してやりたいのですが、Cさんはどう考えますか」

Cはなお黙ったままでしたが、店長の言うことは理解できていました。Cの顔色が変わるのを見て、店長はさらに言いました。

「過去、何があったかは問いません。すべて水に流したいのです。問題はこれからです。

過去を引きずらないでほしいのです。あなたは35歳になったばかりです。今までの行きがかりを捨て、新しい人生をはじめるべきです。どうですか」

ようやく、Cは口を開きました。

「正直、今のままでよいとは思っていません。どこかで自分はボタンをかけ違えたのです。変わろうと思っています。あなたとならできそうです」

店長は笑顔を見せて言いました。

「そうですか。うれしい言葉です。この店に転勤になってはじめてありがたい言葉を聞きました。あなたがやる気になれば、間違いなくこの店は立ち直ります」

このとき以来、Cは見違えるようになって率先して働きはじめました。本来の自分を取り戻したのです、品ぞろえ、陳列、接客などを工夫、改善し、店長を補佐し、後輩を指導しました。こうなると若手社員も奮起して働きはじめました。店長のSへの適切な指導もあり、CとSとのしこりもしだいに消えていきました。遠ざかっていたお客様は戻りはじめ、企業との大口取引もいくつかでき、みるみる業績は上がっていきました。そして、3年後、不可能と思われていた全国20位に入ったのです。もちろん給料も上がりました。店長は栄転し、Cは店長に昇格しました。

後に、Cは語っています。

「店長の『行きがかりを捨てよ』という言葉は私の胸に響きました。店長のおかげで、

私は生き方を変えられました」

店長のリーダーシップは、次のように要約できます。

①店低迷の真の原因（コミュニケーションの悪化、ベテラン社員のやる気の喪失）を見つけた。

②自分の思いを告げることによって、そのベテラン社員のやる気を取り戻し、味方にし、力を借りて店の改善を開始した。

③店全体のモラール向上を図り、チームワークをつくり上げた。

④全国20位以内に入るという高い目標を明示し、その達成の必要性を認識させた。

⑤各種施策（店舗改装、品ぞろえ、接客、価格、広告宣伝策などに関する）を確実に実施して、ついに目標を達成した。

底流には店長の、会社、社員に対する熱い思いがあります。

3　伝え方を工夫する
伝達逓減に対処する2つの心がけ

コミュニケーション能力は、リーダーに要求される3大能力の1つです。大別すると**インプットスキル、シンキングスキル、アウトプットスキル**から成り、感情や知覚、思考を伝達し合います。

「インプット」を通して得た情報をもとに、考える（シンキングする）とは、やるべきこと、やりたいことを判断し、目標として設定すること、達成方法を決めることを意味します。または、問題、原因、解決方法を判断、決定することです。そして人々や相手にその「内容」を伝える、すなわち、「アウトプット」します。

そのとき、内容伝達がうまくいかないことが日常頻繁に起こります。どうしても、いわば**「伝達逓減《ていげん》の法則」**が働くからです。子供の頃の伝言ゲームで起こったことが、残念ながら大人になっても起こっています。

100の「内容」も、自分の話し方、書き方、表情、態度（ボディランゲージ）、つまり、アウトプットスキルを経由するため、上手に表現できたとしてもおそらく80以下に落ちます。アウトプットスキルは「伝達力・表現力」ともいえます。

さらに、80に削減された内容が、相手のインプットスキルを通して吸収、理解されます。ごく単純な「内容」以外は、相手のインプットスキルを経由するため、理解される程度は平均50～40%くらいに低下します。この数値は私の聞き取り調査の結果です。

内容×自分のアウトプットスキル×相手のインプットスキル＝相手の理解度

100×80%×50%＝40

半分以下にインプットが減るのは、インプットの際、相手側の「枠」とも呼ばれる次の

コミュニケーション能力の構造

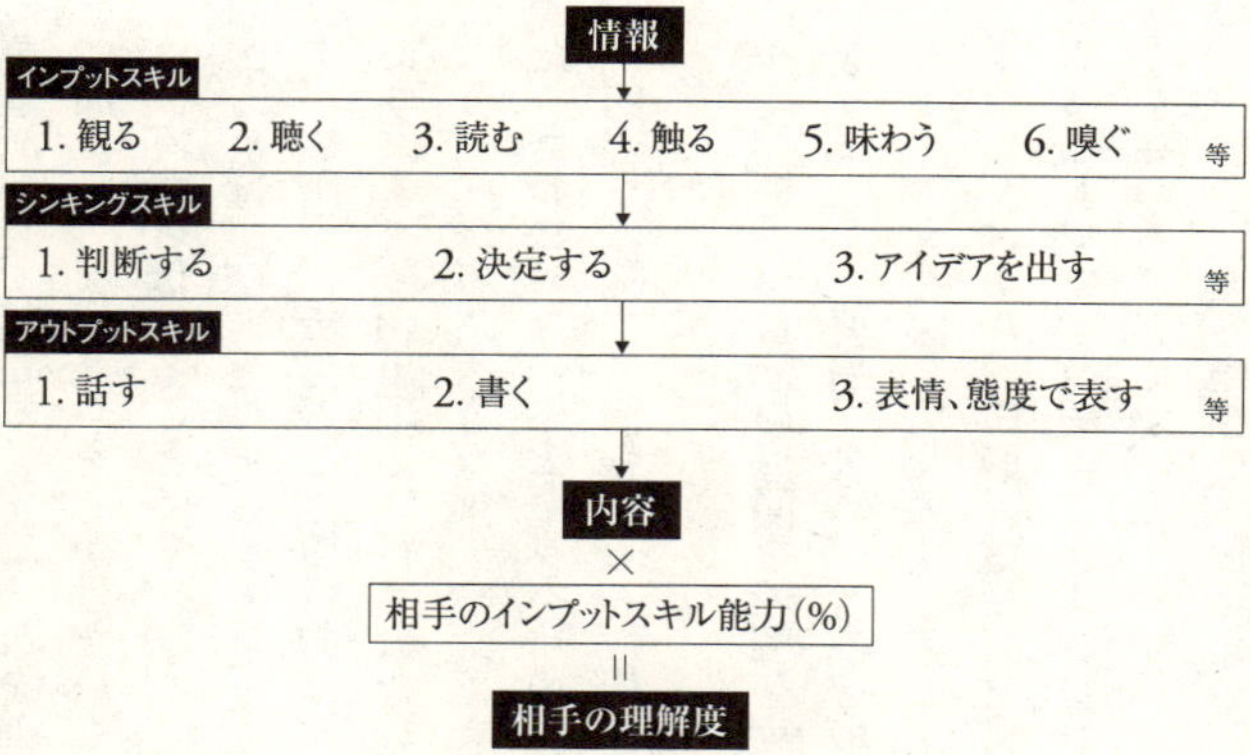

ような阻害要因が作用するからです。

・相手の時間の有無……インプット時間が少なければ、確認などが減り理解度は落ちる。

・内容に関する必要性、メリットの認識、および知識、経験の程度……これらが低いとき、理解度は低下する。

・先入観や偏見……思いこみ、偏見があれば、正しい理解は難しくなる。

・発信者に関する感情、信頼感……悪感情、不信感、よぶんな緊張感は内容をゆがめる。

・物理的阻害……時間的、地理的へだたりが大きいと真剣味が欠落し、理解度は減少する。

これら相手側のインプットの阻害要因、また、自らのアウトプットの未熟さにより、伝達逓減が必ず起こります。それを前提に、リーダーはアウトプットスキルを十分磨くことに加えて、次の2つを心がけたいものです。

1つは、**何度も伝えることです**。

1回伝えれば、確かに義理は果たせます。「確かに伝えたよね」と、多少の責任は逃れられます。しかし、伝えることの目的は、相手の理解を得て、依頼事項を実行してもらうことにあります。依頼事項が実行されないのでは、伝えた意味はゼロになります。時間は無駄になり、関係者に大きな損失や迷惑をかけます。

「言った、言わない」の愚を避けるため、ビジネス・コミュニケーションの基本ルールは、すでに「内容」に関する情報をもち、伝える任務を負うリーダーの方が、より大きな責任があると考えます。

それゆえ、相手が自分の意図を理解し実行するまで、リーダーは何度も伝え、確認しなければなりません。復唱を求め、メモを取らせ、きわめて重要な依頼事項は、依頼書、受諾書（メール）を意図して交換することもありえます。

もう1つは、**メール、口頭、電話、文書、面談、ミーティングなどの方法をミックスして伝達することです**。コミュニケーション手段、方法をワンパターンで終わらせず、相手の理解度を高めることです。

実際、方法を変えるたびに、伝えたい内容がよりわかりやすく整理されていくメリットもあります。1回目のメールでは80だったアウトプットが2回目の電話では85になり、3回目の口頭では90に向上し、4回目の面談では、95にアップし、5回目のミーティングでは100に達し、比例して相手のインプットスキルも磨かれ、50だった理解がしだいに高まり、その内容に関しては理解度100％ということも実現できます。

4 傾聴する

相手の心をとらえる8つのポイント

ある人が、中国の帝王学の要諦は、3人の人物をそばにおくことに尽きると述べています。

1人目は、**原理原則を教えてくれる先生です**。仁徳による政治とは何か、経世済民の道など、正しい思想にもとづく国家建設ができるからです。

2人目は、**智謀の人です**。すぐれた戦略、戦術を次々に生み出し、危機、困難から国家国民を救い、さらに、発展、繁栄させてくれるからです。

3人目は、**諫言《かんげん》してくれる士です**。権力者の王が道をはずしたとき、勇気と誠実をもって、王に直言し、王に誤りを気づかせ正道に戻せれば、国民が安心して暮らせる治世ができるからです。

このような3賢者を侍臣とすることができれば、あなたは帝王になれるというのです。

そこで大切になるのが王の度量です。コミュニケーションスキルでいえば、聴く力です。いくら原理原則を説いてくれる立派な先生がいても、素晴らしいアイデアを出す知恵者がいても、勇気をもって誤りを正してくれる直言の人がいても、聴き入れなければ、すべては水泡に帰します。帝王にもリーダーにもなれません。

人の話を聴かないタイプには2通りあります。1人は自分を過信している人です。傲慢《ごうまん》な人で、おれほど知恵のある、すぐれた人間はいないと勘違いしている人です。もう1人はメンツにこだわる人です。自分の言ったことを少しでも否定されると体面を汚されたと思う人です。2人とも小心な人です。

リーダーの本務、本質は、メンバーの衆知を集め、その力をフルに発揮してもらうことにあります。リーダーがリーダーたりうるかは、目標と方法、問題、原因と対策について人々の意見に耳を傾けられるかどうかです。小心者はリーダーになりえないことは明らかです。

自分の意見を聴いてくれるリーダーに対しメンバーは喜んで考え、その力を発揮してくれます。

さて、人の話に耳を傾けて聴くスキルとして**「傾聴の技術」があります**。

これは相手の知恵、知識を引き出すだけでなく、相手の話は大切であり、相手に興味関心をもち、**相手を大事に思っていることを伝える技術でもあります**。誠実さを伝え、人間関係を向上させ、人の心をとらえる絶対的スキルです。

傾聴の技術の1つ目は、**相手の言うことは自分にとって大切な情報であると、まず、思うことです**。そうすれば、相手をリラックスさせ、話をしやすくさせて、次の２つ目以降がスムーズにできます。

２つ目は、**話し手の目を見て話を聴くことです**。話し手が話している時間の70～80％くらいは目を見る感覚です。あとの30～20％はノートや机上に目を落としたり、相手の顔の左右の背景を見たりします。真剣な視線で見つめすぎると、相手は緊張を強いられ話しづらくなりますので、穏やかな視線で聴くようにします。

３つ目は、**うなずくこと**。話し手の話をまず肯定します。否定的態度では話し手は、考えたこと、思ったことを述べる意欲を失います。ともかくも話してもらうことが大事です。

４つ目は、**あいづちを打つこと**。これも相手の言うことを肯定する動作です。「なるほど」「はい」「それはよかったですね」などです。あいづちは、相手に話す張り合いをもたせます。

５つ目は、**リピートすること**。話し手の言ったことを繰り返すのです。相手が「いやぁ困りましたよ」なら、自分は「それは困りましたね」と応じ、「ゴルフに行きました」なら、「ほう、ゴルフに」などです。これも話し手が話しやすいリズムを与えます。

６つ目は、**質問すること**。まず、答えやすい質問をします。専門外の人に専門用語を用いた質問や、いきなり、「人生観や仕事観を聞きたい」などといった難しい質問は避けるべきです。相手の興味、知識、経験に適した簡単な質問に答えてもらうことで、その後の本筋の話を滑らかに話してもらえ、また、聴けることになります。

もう1つは疑問を質《ただ》す質問で、５Ｗ１Ｈで尋ねます。相手の話の意図を推量し、因果関係を整理しながらこちらの疑問を明確にした質問をすれば、相手からもわかりやすい答えが引き出せます。

７つ目は、**メモを取ること**。大事なことは５Ｗ１Ｈでメモをします。熱心に聴いて、役立てようとしているこちら側の誠実さが伝わります。ただし、私的情報やオフレコ情報の際には筆をおく配慮が必要です。

８つ目は、**フィードバックすること**。タイミングをみて、「おっしゃりたいことは○○ということですね」と確認します。相手の話を的確に理解できているかどうかを相手に確かめてもらう重要なスキルです。これで話し手が「そのとおりです」「そうなんです」と言ってくれれば、上手に傾聴できたことになります。

あとは、今度はこちらの考えを話す番になります。話し手からみて、言いたいことを理解してくれた相手（聴き手）の話を聴いてあげたいと思うのが普通です。

5　ほめる
相手をその気にさせる8つのポイント

人をやる気にさせるリーダーの代表的働きかけには3つあります。1つ目は**ほめること**、2つ目は**叱ること**、3つ目は**感謝すること**です。

これに、励ましを加えることもありますが、励ましは、ほめるとき、叱るときと同時に用いられます。たとえば、次のようになります。

ほめたあと、「あなたはもっと大きくなれる人だと信じています」と励ましを述べます。叱ったあとは、「あなたはもっと大きくなれる人だと信じています。だから、厳しいことを言うのです。どうぞ頑張ってください。期待しています」と励まします。

できるリーダーは、ほめっ放し、叱りっ放しで終わらず、こうした励ましの言葉を常に用いるものです。

ほめることができるリーダーは、人のやる気を引き出し、多くの協力を得られます。

連合艦隊司令長官・山本五十六の有名な歌にはこうあります。

「やってみせ言ってきかせてさせてみて　ほめてやらねば人は動かじ」

また、二宮尊徳の歌は、

「可愛くば五つ教えて三つほめ　二つ叱ってよき人となせ」

です。育成のため、教える、ほめる、叱るは一体で、全体を10とすれば、教えるのは5回とウエイトは高く、実施後は、ほめるのは3回、叱るのは2回あたりがバランスがよいというのです。5対3対2です。確認したいことは、5対4対1の割合ではないという点です。1を使っていません。叱るのはおっくうなことですが、1回でなく、必要なら何度もやらねばならないわけです。1度教え、1回ほめ、1つ叱ったらそれで終わりでなく、育成のため、何回も行いなさいというのです。

私が行った「部下育成・OJT」研修会の最後に、「私の部下育成」というテーマで2分間スピーチを全員にしてもらいました。ある管理者のスピーチが印象的でした。

「私はこの会社に入って20年になりますが、自分はどれほど人をほめたことがあるかと、振り返りました。恥ずかしいことに、この長い年月、1度も人をほめたことがありませんでした。また、人にほめられたこともありませんでした。人をほめる価値、ありがたさを知らないまま過ごした愚かな20年でした。五十六さんや尊徳さんのアドバイスを生かして、職場でも家庭でも人をほめてみたいと思います。自他共に豊かな気分になれると思いますので」

ほめるとき、人（相手）のやる気は高まりますが、相手がゴールインしなければ、本当にやる気が高まったとはいえません。ゴールインとは、相手が、ほめられたことに心から喜びを感じ、リーダーの称賛を励みに、ますます頑張って働こうという気持ちをもつことです。

そうなれば、相手は自分で情報を集め、勉強し、成功の法則のＰＤＣＡをしっかり回せるようになります。

1回や2回のほめ言葉でゴールインを期待するのは、普通は無理です。粘り強く何十回もの心からのほめ言葉が、いつかは相手をゴールインさせる、と考えて、ほめ続けることです。ただし、お世辞の連発は不可です。信頼を失います。

ほめられるということは、認めてもらえたということです。人は承認欲求をもっています。自尊心があるからです。**自尊心を満たされると、満たしてくれた人のために協力をしようと自然に思います。**

たとえば、研修会で受講者の1人に私が問いかけます。

「決してお世辞ではなく、私が心から、Ａさん、あなたの素晴らしいところは、常に物事の全体を考え、客観的に発言することです。視野の広さ、バランス感覚は、本当に私も見習いたいです、と言ったらどういう気持ちになりますか」

すると、Ａさんも、「うれしいですね」と笑顔で応じてくれます。

お世辞でなければ、ほめられると誰もがうれしく、喜びを感じます。

うれしいという状態は、生理学的には、いきいきとし、免疫力が高まった状態です。いきいきとさせてくれる相手は味方です。この場合、Aさんにとって私は味方です。味方は多い方がいいから、味方である私を生かしたいと思います。Aさんは、心の中で、私のためにできることがあれば、協力してもいいな、と思い、やがて、チャンスがきたとき、私からの依頼の有無に関係なく、「お手伝いしましょうか」と喜んで協力を申し出てくれます。これは自然な心の作用です。

テレビを見たければスイッチをオンにします。オンにすれば画像と音声が出てきます。それと同じくらい簡単明瞭な人の心を動かす方法が、ほめることです。人の心のスイッチはそれだけでオンになります。そのように人はつくられています。

ただし、繰り返しますが、お世辞はだめです。お世辞は相手のためでなく、自分の利益のために言うもので、言われた方は口のうまいやつくらいにしか思いません。口先から出ている言葉は相手の心に響きません。心からの言葉だけが心に届きます。

人の心は金で買えるとうそぶいたIT企業の若い経営者がいましたが、人の心は金で買えません。買えるのはあくまでその人のもつ能力、機能だけです。生活のために、表面心服したようにふるまいながら働いている人を見て、あるいは、金の力で人に不正なことをさせて、金で心が買えるなどと思うのは、思考回路が壊れています。

信頼するリーダーから、タイムリーに繰り返される心からの称賛は、大金を積まれるより、はるかにゴールインをもたらす力をもっています。

ほめるには原則があります。

１つ目は、**相手が実際に成功できそうな条件をつくってあげて、その上で実行させ、成功点をほめることです**。

ここでの条件づくりとはリーダーがその仕事の見本を見せ、やり方をきちんと教えるということです。相手は成功しやすく、こちらはほめやすくなります。「さすがにうまい」「みごとだ」と言えます。「いえ、教えていただいたとおりにやれただけです。ありがとうございます」となります。

中にはそっけなく、「いや教えてもらったとおりにやっただけです」と言う人もいるでしょう。そのとき可愛げのないやつと思わず「いや、教えたとおりにやれるということが素晴らしいことなんだよ」とほめるのです。内心、そうかと思ってくれるはずです。

成功したらほめ、成功しなければほめないのはある意味当然ですが、叱りっ放しでは、あまりに事務的にすぎて、リーダーとしての親切心が足りません。相手が成功できるように訓練してやり、ほめられるようにすることです。

もし、リーダーが見本を見せられないときは、誰かに見本を見せてもらえればよいのです。何もかもリーダーができるはずがありませんし、時間的に無理なときもあるからです。

ほめ方の原則の２つ目は、**ただちにほめることです**。

前述した「Here And Now（ここで今）」が原則です。あとからほめるのでは、遅れた分、効果は薄くなります。一刻も早く、よいことは認めてあげることです。ほめられた方も、早く次の成功行動を起こしやすくなります。

人を素直にほめられない理由の1つに照れがあります。これを打破するためにも、ここで今、を念頭に、よいことは間髪をいれずほめることを習慣にするのです。

3つ目は、**具体的にほめることです**。

ある人が企画書を提出しました。これをほめるとき、「よく書けているね」だけでは抽象的すぎ、ゴールイン一歩手前で終わりやすいでしょう。

「よく書けている。特に、目指す成果が概算でもはっきり書いてあるのはインパクトがある。定量化できるものは、今回のように根拠を示して定量化することだ。思いきってよく踏みこんだね」とか、「企画書の理由、背景、それに競合他社の戦略をよく調べてあるのには感心したよ。あなたには調査能力があるね。いい企画書だ」と具体的にどこがどうよいのかを明示します。ほめ言葉の中身が相手の心に長く残り、やる気を高めます。

をほめるべき具体的事柄は、成果・業績面、能力面、人柄面、言動面などで見つけます。

4つ目は、**心をこめることです**。本当に感心できることをほめます。お世辞は相手の心を一時くすぐるだけです。「豚もおだてりゃ木に登る」式の思考は、人の心を大事にする真のリーダーにはありません。

5つ目は、**小まめにたくさんほめることです**。

「あんなやつ、ほめるところがないよ」というのは、不遜な考え方です。まず、さきにもみたように、成功のし方を教えて、小さくても成功させ、そしてほめること、これは誰にでもできるはずです。また、誰にも長短があり、ほめるところがないはずはありません。その人の中ですぐれたもの、光っているものが必ずありますから、それをほめればよいわけです。

大きな成功や素晴らしい言動だけをほめるのではなく、「机、整理整頓しているね」「電話の元気なあいさつの声がいいね」「いつもやることが早い」など、気をつけていれば日常の中にいくつでもほめることが見つけられます。

そんなのあたりまえ、と考えないことです。あたりまえのことができていない人も多いのですから。リーダーがものごとを明るく、ポジティブに見つめていれば、ほめる事柄が発見できます。よいところは草の根を分けてでも探すのです。そういう職場はコミュニケーションも活発になり、業績にもよい影響を与えていきます。

6つ目は、**今後の期待を語ることです**。「私も協力しますから、ぜひそのまま続けてください。必ず成果が具体的数字になって表れると思います」などです。

7つ目は、**人前でほめることです**。自尊心が高められ、大きなモチベーションになります。ただし、事柄にもよりますが、基本はサラリとです。人前での称賛は度がすぎれば、同席の人がしらけることもあるからです。

８つ目は、**ときには人を通じてほめることです**。信頼のおける人に、「長期出張で会えないので、今度チャンスがあったら、あなたからAさんに、僕がAさんの今度のT社への粘り強い営業活動を高く評価していることを、タイミングみて伝えておいてよ」

と言っておくのです。

「向かって愛語を聞けば心を喜ばし、向かわずして愛語を聞くときは肝に銘ず」とは、曹洞宗開祖の道元の言葉です。愛語とは慈しみの言葉です。ほめ言葉も愛語です。面と向かってほめられるときはうれしいが、人を介してほめられたときは肝に銘じて忘れられないほどの喜びをもたらすというのです。

6 叱る
相手を心から反省させる8つのポイント

叱ることのゴールインとは、相手が叱られたことを心から反省し、たとえば、お客様にもリーダーにも仲間に対してもすまなかった、これからは、常にベストを尽くして仕事に打ちこもうという気持ちを強くもつことです。

叱る際にも原則があります。

1つ目は、**公憤《こうふん》によって叱るということです**。

公に憤《いきどお》ることとは、その失敗、ミスは、遅かれ早かれお客様の満足を得ることの妨げになり、仲間、本人、あるいはリーダーの仕事の妨げや迷惑になる事柄です。

個人的利害得失でなく、正しい仕事の遂行を求めて叱るわけです。公憤にもとづき叱る場合は、誰から見てもゆるぎなく、筋が通って強い説得力をもちます。

公憤以外で叱るのは私憤になります。

「前に注意してあった」「教えていた」「連絡していた」「私の立場がないじゃないか」と、自分の正当性、自らの立場の擁護のため、うっぷんを晴らすような叱り方をすることです。相手は、「確かにミスをした私は悪い」と思っても、「でも、なんだ、あの叱り方は」と、叱られた中身を忘れ、また、ミスを棚に上げ、叱り方に反発し、反省をしないことがあります。「反発するやつが悪い」と言ってみても、私憤による場合は、相手のゴールインを望むべくもありません。

2つ目は、**叱るタイミングで、「Here And Now（ここで今）」が原則です**。明日ではなく、ここで今、できるだけ早く誤りをあらためさせ、正しい仕事のやり方を習得させ、損害をいち早く食い止め、成果を出させることが最優先事項です。

叱るという行為は、叱る方も、叱られる方も気分が悪いものです。相手の自尊心を傷つけるため、叱った方もきらわれるリスクを負います。そのリスクを恐れ、恥をかかせないように気を使っていると、叱るタイミングを逸してしまいます。きらわれてもしかたない、仕事のため、この部下のため、お客様のため、と割りきって叱ることです。

story-27

ある研修講師が、「リーダーシップ研修会」で課題を出したときのことです。「夕食後のグループ研究の終了時刻は、グループごとに自主的に判断してください。明日の朝、よいアウトプットを期待しています」と言って講師は教室を出ました。

20分後、夕食のため事務局担当者と一緒に200人くらい収容の大食堂に行きました。多数の会社から多くの研修者が食堂にきており、どこに担当の受講者がいるかはわかりません。

講師が席を探している途中、担当のグループ受講者6人ぐらいが談笑しながら食事をしているのが目に入りました。そのうちの1人が缶ビールを飲んでいたのです。

講師は注意すべきか、それとも面倒だから知らん振りしてしまおうかと瞬時迷いました。そのグループと距離もあり、誰とも目が合ったわけでもなく、気づかなかった振りをしてやり過ごすことはできたのです。

2歩、3歩歩くうちに講師は思いました。

(見過ごすのは卑怯《ひきょう》ではないか。明日の研修ではリーダーとしての叱り方を教える。そのとき、お前は「Here And Now」が大切という持論を言うのだろう)

講師はテーブルに近づき、ビールを飲んでいる受講者におだやかに言いました。

「ビールはやめなさい。今日の課題が終わってからゆっくり飲みなさい」

その受講者は、「(何でも)自主管理ですよね」と軽く反論しました。講師は、

「まとめ方、まとめる時間も自主管理。飲みたいのはここにいる他のメンバーも同じだよ。飲むと頭の回転がよくなり、いいまとめにつながると言いたいんでしょうが、アルコールは気が大きくなるだけで、緻密さはなくなる。あと少し辛抱して、課題を終えてから気分よくみんなで飲んだら。そのときは私にも声かけて。研修テーマはリーダーシップ。リーダーのあるべき姿が問われているよ」

受講者は笑いながら小さくうなずきました。


安全やルール違反、一刻を争うクレーム処理などは、もちろん部下のメンツは後回しです。

「Here And Now」の言葉は叱る勇気も与えてくれ、タイミングが遅れるのを防いでくれます。翌朝、「昨夜ビールを飲んでいた者がいる」と叱るのは、「何で今頃」と思われるのが落ちです。

叱るときの原則の3つ目は、**公平さです**。そのためには「是々非々《ぜぜひひ》」で、よいことはよい、悪いことは悪いということを貫くことです。遅刻をした人に対して、ある人は叱り、

別の人はふだんの成績がよいので見逃す、などということがあってはいけません。

ほめたり、叱ったりすることは、個人のマインド、能力の向上、正しい仕事の遂行のためばかりでなく、職場全体に明快な文化、風土を醸成する力があります。こうすれば評価される、こういうことは叱られる、ということを、はっきりさせることで、合理的、効率的、また挑戦的、創造的、革新的な文化、風土をつくることができます。

4つ目は、**具体的であることです**。「もっとプロ意識をもて」「もう少しやる気をみせろ」「まじめにやれ」では、相手はどこをどう改善してよいのかわかりません。

story-28

部下のAは、お客様への見積書の提出を遅らせ、Aの留守にお客様から電話でリーダーが強く叱られました。外出から戻ったAにリーダーは言いました。

「お客様から、見積書が2日も遅れていると大変なお叱りを受けた。提出はいつ可能ですか。えっ、もうできている。なぜ、提出しなかった」

「お客様が、他の製品についても見積り依頼を出すからと言っていたので、それを加えて一緒に見積書を提出すればよいと思っていたのですが」

「先方はそんなことは一切言っていなかった。ナニ？　こちらの思いこみかもしれない？いずれにせよあなたの連絡不足、確認不足だな。すぐに見積書に謝罪文をつけてメールを送り、電話をし、謝りに行くこと。メールは発信前に見せなさい。その上で私からも

「おわびのメールを出し、電話も入れておくからね。あなたも忙しくて大変だけれど、確認は念入りにしっかり取りなさい」

ミスの原因を具体的に指摘し、かつ、具体的対処方法を明示することです。

5つ目は、**相手にできるだけ原因と対策を考えさせることです。**右の見積書の件では、ことの性質上、スピード重視でリーダーがすばやく原因を指摘し対策を指示しましたが、相手の実力を磨くためには、少しでも時間を見つけ、「自分では何が問題だと思うか」「原因は何か」「当面の対策は何か」「根本的対策は何か」などの質問をし、本人に原因、対策を考えさせます。叱ることは指導と一対で成り立っています。叱り飛ばすだけではいけません。

6つ目は、**心をこめて期待を語ることです。**相手には、この失敗を乗りこえて、こういうレベルになってほしいことを、例をあげて伝えることです。

「このままではいけない。あなたにはいずれ私のあとを継いでもらいたいと思っている。○○製品のエキスパートになってもらい、新製品開発にも取り組んでもらいたい。頼むぞ」

7つ目は、**基本的に相手のことを評価していることをタイミングよく告げることです。**叱ることは相手の自尊心を傷つけます。その覚悟は必要ですが、叱りっ放しではゴールインはありません。こちらの意図を理解させ、あらためてもらうことが一番です。叱ってい

る最中に、タイミングをみて、

「私はあなたのいい点、たとえば、熱中して仕事に打ちこむところ、元気のいいあいさつ、サービス精神のあるところはいつも評価しているよね。今日は厳しく叱ったが、あなたを信頼していることは変わらないんだよ」

と言ってあげることです。自分のよさをわかってくれている人からの叱責《しっせき》は、受け入れざるをえません。日頃から相手のよさを認めておけば、いざというときの厳しい叱責も相手は素直に聞き入れてくれます。

8つ目は、**尾を引かず、名誉挽回のチャンスを与えることです**。

story-29

あるリーダーの話です。不況期、コスト削減を目指している折、現場で不良が発生し、かなりの損害が出ました。リーダーは急いで責任者を呼び、原因追究の「なぜだ」を繰り返し、当面対策と再発防止策を厳しく求めました。責任者は汗をかきながらやっと答えました。リーダーは、対策案の説明を聞き終わると言いました。

「わかりました。それでは明日からまた、頑張ってください。ご苦労様でした」

顔を上げて見ると、さっきまでのリーダーの険しい表情はふだんの穏やかなものに戻っていました。責任者は思わず尋ねました。

「これで終わりですか。あの、損害に対しての責任はどのようになるのですか」

「損害責任のあるなしは、私に問われるだけであなたにはありません。心配無用です」

損害責任の追及が自分にくると思っていた責任者は、目頭を熱くし頭を深く下げました。

「本当に申し訳ありませんでした。2度とこのようなことがないよう明日からまた頑張ります。ありがとうございました」

7 感謝を言葉にする

生産性・収益性ナンバーワン工場の秘密

感謝は、「あなたのおかげでうまくいきました。本当にどうもありがとう」ということです。リーダーの心からのありがとうという言葉は、部下の誰が聞いても快いものです。

それはいずれ生産性、品質、収益性の向上に役立ちます。

story-30

あるパソコン工場の話です。この会社は全国に6つの工場がありますが、その工場は6工場の中で1人当たり生産性、収益性がナンバーワンです。

最終工程の梱包《こんぽう》作業を担当しているパート社員たちに、ある人が、

「生産性、収益性が全国一高いそうですが、その秘訣は何だと思いますか」

と質問すると、彼女たちは次のように答えました。

「私たちにはよくわかりません。班長から言われたことを忠実に守って仕事をしているだけです」

そして、このように続けました。

「ただ、**私たちは気持ちよく仕事をしています**。それはたぶん、工場長さんが、毎週月曜日に、朝会で、先週の生産状況とともに会社の話をしてくれるからだと思います。当工場のパソコンは、他の工場の生産品と比べ、特殊な機能を有し、お客様に大変喜んでいただいていること、高額品で、利益率も高く、会社全体の利益に大きな貢献をしていること、そして、部材納入、製造、梱包、出荷工程まで、1つひとつが大切な品質をつくりこむ工程であることを話してくれます。中でも、**私たちが、気持ちよくなれるのは、その全工程の素晴らしい機能は全従業員の力、チームワークから生まれていることに感謝したい、それゆえ、これからも大きな誇りをもって各人の業務に全力を尽くしてほしい、あなたがたの努力が成長の源です、と言ってくださることです**。私たちは胸を張って仕事をしています」

工場長は、パート社員を毎回朝礼に参加させ、これらのことを何度も語っていたのです。

何度も感謝の念をもって語りかけてくる工場長のパソコン、自工場、経営への熱い思いは、彼女たちに受け止められ、吸収され、いつしか、彼女たち自身のマインドになり、そのマインドは彼女たちの指先に宿り、的確な梱包作業を生み出していたのです。

story-31

ある会社では60歳から5年間の再雇用制度をつくり、58、59歳の人のための研修会を開きました。彼らが5年間、やる気になって働いてくれるのと、惰性で適当に力を抜いて過ごされるのとでは、会社全体、現役社員のモラール、生産性が大きく左右されるからです。

会社の期待は、「かつての肩書きは忘れて、一社員に戻って働いてください。体力は若い人にかなわないですが、間もなく60歳になる皆さんは経験と技と知恵の宝庫です。若い人を今後の5年間で育成していただきたい」ということにあります。

研修の最後に、課題が出されました。

「再雇用の終了時、すなわち、いよいよ65歳になってこの会社を去るとき、誰からどんな言葉を贈られたいかを率直に記述してください」

言葉を贈ってくれる人は、上司、先輩、後輩、お客様、家族、故人など、誰でもよいのです。

答えの発表はスピーチで、代表的パターンは次のようなものでした。

入社以来の猛烈な働きぶり、家庭をあまり顧みなかったことへの少しの悔い、支えてくれた家族への感謝、今後の5年間は楽しく、充実したものになるように努力したい、と述べ、そして**贈られたい言葉は、妻や子供からの、「どうもありがとう。よく頑張ってくれました。長い間お疲れ様でした」というごく平凡なものでした。**

年を経てキャリアを積んだ人々は異口同音に、「感謝したい、感謝されたい」と言うのです。平凡ですが人の真実の一端がここにあります。

誰もが感謝の思いを交換したいのですが、うまくできないリーダーがいます。正確にいえばできないのではなく、やらないのです。

リーダーでありながら、感謝の言葉を口にすることにもともと価値を見出していないか、習慣がないゆえに、感謝の言葉が出てこないのでしょう。それは打破するしかありません。

感謝の言葉に、特別うまい言い方などありません。ただ一言、「どうもありがとう」「ありがとうございました」と言うだけのことです。**人に何かをしてもらったらすぐに「ありがとうございます」と言葉に出す習慣を身につけることです。**難しいことは何もありません。

照れて言えないことを容認してくれるのは家族だけで、この大切な表現に怠慢なリーダーは、人の協力を得たりチームワークを築くことはできません。

ついでながら、感謝の念を抱かれるような生き方を目指すことは、より実り豊かな人生を送ることにつながります。

長い付き合いのある大学院の教授から仕事の依頼を受け、それが決まったときに彼から受けたメールです。彼は66歳です。

「久しぶりにあなたと2人で仕事ができることを楽しみにしております。

私にとって仕事をするとは、院生が、教員が、院生の家族が、そして院生の周りの多くの人々が『生まれてきてよかった、この大学院に学んでよかった』と思えるようになってもらう一助になるという意味です。少し弱音を吐きますが、疲れております。ただし、いけるところまではいく覚悟はしています」

仕事は自分のためにあり、人のためにあります。

リーダーになる人、リーダーである人は、この教授の言うように、**いつか誰かに、「生まれてきてよかったですよ」「この会社で働けてよかったです」「あなたがリーダーでよかった」「今、私があるのはあなたのおかげです」などの感謝の言葉を贈られるような生き方を目指してはどうでしょうか**。たとえ直接言われなくても、心の中で思ってもらえるような働き方を目指すことは心を豊かにしてくれるはずです。

これは不遜でなく心意気なのです。

8 謝る

部下に率直にわびて業績を向上させた営業所長

リーダーの行動の中でも難しいことは、自分の非、誤りを認め、自分が間違っていた、すまなかったと謝ることです。難しいのは自尊心があるからです。

しかし、きちんと**謝ることができると、今にも崩壊しそうな人間関係を立て直し、起死回生で人の心をつかむことができます。**

story-32

ある営業所長は、若手のホープと目されているGの指導を、副所長格のYから依頼されました。

Yの話によると、Gは営業成績はよいが、チームのことを考えず独走し、先輩がフォローに走るが、礼もきちんと言わず、無愛想で、営業所方針も、かげでは相当に批判している。また、交際費や交通費の会社基準を無視し、本社の経理から文句がくると、特認をYに求める。売り上げも相応に増えているため、しかたなく特認し、そのたびに注意するが、Gは直らない。元来は真面目なGだったが、ひどく変わってしまった。さらに、最近、Gは遅刻が多くなり、しかも遅刻届も出さないため、本社の人事課から苦情が営業所にくるようになった。Ｙは注意したが、効き目がなく、１度、所長から指導をお願いしたい、と言うのです。

所長が、他の人にそれとなくＧのことを聞くと、Ｙの話は本当であることがわかりました。最近、営業所の雰囲気が沈んでいる原因がＧにあるように思えました。

早速、所長はＧを呼び、遅刻や遅刻届を出さない理由について質問しましたが、Ｇがあいまいな返答だったため、厳しく注意しました。Ｇは反論しました。

営業は売り上げで勝負するもので、少々の遅刻で文句を言われるのはおかしい。自分は遅くまで仕事をし、誰より一生懸命にやっているから相応の成績をあげられる。営業成績が一番大事で、その他のことは二の次、三の次である、という主張です。所長は、会社のルールを守りながら、いい業績を目指してほしい。それが組織人としての生き方で、勤めている以上はそれが常識であると諭しました。

すると今度は、Ｙは本社の方ばかり気にしすぎで、Ｙも本社も現場の苦労はわかっていない、と言いはじめました。

所長は、Ｙがルール遵守を求めることは、本社の方を向きすぎていることではない。仕事はチームで成り立っており、遅刻はいけないし、遅刻届もきちんと出すことが必要であり、Ｙの立場も理解しないといけない、と説きました。

それでもＧは、チームを大事にすることは仕事の成果を出すことであって、遅刻してはいけない、届けを出せ、は細かいことだ、自分は懸命に売り上げ貢献をしているが、給料は、Yや所長よりずっと安い、と言ったのです。

所長はさすがにむっとして、給料のことは関係ない、あなたは自分の主張ばかりして、人の意見を聞かなすぎる。まわりから批判の声が強いのはそのためだと、思わず言いました。

すると、Gは、所長もYも官僚的にすぎて、本社や上の方ばかり向いて、少しも部下の気持ちをくみ取ってくれず、仕事のできない先輩たちの話ばかり聞いているだけだ、だから当社は他社に負けてしまうと言い放ちました。

所長は、今はGとこれ以上話し合っても平行線だと思い、もう1度話し合おうと言って別れました。

その晩、所長は、Gとのやり取りを反芻《はんすう》し、Gの言葉を思い出して不快に思い、同時に、Yの指導力のなさへの怒りもわいて、寝つかれませんでした。YがもっとGを早くからGを指導しておけば今のようなへりくつ屋にならなかったはずだと思ったりしました。

次の晩もよく眠れずにいましたが、ふと、今回のことはどうなることが「あるべき姿」なのかを考えました。それは、Gがルールを守り、自分、Y、チームメンバーと良好な人間関係のもとによい成績をあげてくれることです。

また、所長は、Yに指導不足を指摘したら、Yは腹の底では何と思うだろうと、Yの立場になって考えてみました。たぶんYは、「指導は他のメンバーと同じようにやっており、Gのみ指導不足にはあたらない。Gが特別言うことを聞かず、しかたなく所長に依頼したのだ」と言いたいだろう。それは一理あることだ、と思いました。

さらに、所長はGの立場で、情報を整理してみました。

Gは、Yも本社も現場の苦労はわからないと言い、私にまでも、官僚的すぎると言っていた。それに、Gは仲間の間では営業所の方針を相当に批判していたという。現場の苦しみがわからないと指摘したかったのは、実は、Yだけでなく、むしろ私に対してだったのだろう、と思いました。

ここで、所長の思考は1つの線で結ばれ、もつれた糸がほぐれていきました。Gの気持ちがわかったのです。

あの面談のとき、Gは私の要望、注意をまじめに聞いていなかった。遅刻をするな、遅刻届を出せ、ルールは守れということぐらい、言われなくてもGはわかっていたはずだ。Gは私の話をまともに受け止めず、わざとはぐらかしていた。それは、所長である私に対して強い不満をもっていたからなのだ。私のマネジメントのやり方、所長方針などに不満をもっていた。私はそれを意に介さず、管理者側からみて一方的にGの不備、不足を並べ立て、こちら側の正しいと思うことをやらせようとしていたのだ。強い不満、否、不信をGにもたせていれば、こちらの言葉を受け入れるはずはない。官僚的だとG

が言っていたのは、このことだったのだ。当たっている。気づかなかった。

先日の面談後、眠れないのは私ではなくて、本来はまじめで、立場の弱いGの方であったはずだ。私と話し合う前から自分の会社での進退を悩んでいたかもしれない。今はもっと落ち込んでいるだろう。営業所の沈んだムードもGではなくて所長である自分に起因していたに違いない。ああ、すまないことをしたな、と所長はベッドの中で涙をぬぐいました。

翌朝一番で所長は、Gを応接室に呼びました。Gは思ったとおり、かなり憔悴《しょうすい》しているようすでした。所長は言いました。

「Gさん、つらい思いをさせてすまなかった。このとおりだ」

と頭を下げたのです。戸惑うGに対して、二晩、自分の考えた反省を語り、率直に自分のやり方についての不満を言ってほしいと述べたのです。Gの顔に見る間に赤みがさし、

「そんな、謝らなければならないのは私の方です。素直に話し合おうともせず」

と応じました。

促されて、Gは冷静に所長の言動についての疑問を話しはじめました。所長は熱心に耳を傾けました。Gの誤解や思いこみもありました。それについては説明し、誤解を解きましたが、所長が不注意だったことや本社との取り決めなどにも不備がいくつかあり

ました。

　これらをふまえ、所長は、営業所からの改革案としてYとGにまとめさせ、本社に提出しました。1カ月後、本社はその案を受け入れました。

　こうしたことを境に、Gは無遅刻無欠勤、交通費、交際費もルール通り使用するようになり、Yや先輩社員のGに対する評価は日ごとに上がっていきました。それまでの営業所の何となく沈んだ雰囲気は消え、業績もしだいに向上していきました。


所長がGの心を動かし、問題解決に成功した、謝る要諦を整理してみましょう。

①1日目の夜は自分の立場からのみの視点であったが、2日目の夜、所長は冷静になって「あるべき姿」を考えた。つまり、私的感情を抑えリーダーとして真の問題解決をスタートさせた。
②Yの立場で論理的に考えた。つまり、自分の主張に対してYの反論を考え、その反論の妥当性を理解した。
③部下Gの立場で今までの情報、会話内容を整理してみた。その結果、Gの真意が見えた。特に自分に対する不満、不信が理解できた。
④弱い立場のGの置かれている状況、追いつめられている気持ちを想像した。
⑤それはリーダーである自分の不注意、無理解から起こったと、反省の念をもった。

⑥翌朝一番という早いタイミングで、Gに誠実に、率直に謝った。しかも、Gの言いたいことを聞くという姿勢を示した。そして傾聴した。
⑦誤解は解き、よい意見は改善案をYとGに協力させてつくらせ、本社に提案し実施した。

所長のみごとさは、失敗した面談を顧み、目指すべき姿を思い、GやYの立場に立って思考し、問題の主因は所長である自分にあると思いいたったことです。地位の高低をはずし、若いGに率直にわびたことです。営業所の復活は、所長の反省と「謝る」ことによってなされました。

9 仕事の意義をわからせる
わずか30分でメンバーの信頼を勝ちとった新リーダー

ビジネスパーソンが、「仕事を放りだしたい」「会社を辞めたい」と言うとき、その気持ちから立ち直らせるリーダーの働きかけはきわめて貴重です。

仕事を辞めたいと考える原因の1つは、自分の仕事を無価値と考えたり、きらいになったり、生活のためにしかたなく仕事をしている、と思うことです。

story-33

後に東武動物公園の園長となった西山登志雄は、戦後まもなく上野動物園に就職しました。動物が好きで、動物の世話がしたかったのです。でも、西山少年が命じられた仕事は人間用の便所の掃除でした。くる日もくる日も便所掃除です。動物の世話はさせてもらえません。当時の上野動物園に便所がいくつあったかわかりませんが、少なくとも10カ所くらいはあったはずです。ほとんど一日中便所掃除です。

西山は便所掃除がいやで、動物園を辞めようと思うようになり、飼育員になる夢は消えつつありました。でも、彼は1つの経験から立ち直りました。

ある日、女子便所の掃除を終えて次の便所に移動しようとしたところ、おばあさんがこちらにくるのが目に入りました。道は一本道、西山はバケツとモップをもった姿でばあさんとすれ違うのが恥ずかしくて、さっと、きびすを返して、女子便所の1つに息を殺して隠れ、おばあさんが出ていくのを待ちました。やがて、用を足したおばあさんが水道で手を洗い、手をぬぐっていたときでしょう、ポツリと言ったのです。

「ああ、まあ、まあ、きれいに掃除してあるね。気持ちのいいことだこと」

そう言い残して出ていきました。うす暗い便所の中で西山は小さな衝撃を受けました。きらいな便所掃除という仕事、でも、おばあさんは喜んでくれ、きれいで気持ちいい、と言ってくれた。西山ははじめて、便所掃除に誇りをもてたのです。以来、西山は心をこめて便所掃除に打ちこみました。そうして飼育員への道が開けていきました。

「もしあのとき、あのおばあさんの一言がなければ、自分は動物園を辞めたかもしれない。そうすれば、今日の私はありませんでした。そう考えると、見ず知らずのあの日のあのおばあさんは私の終生の恩人です」

西山は自分がリーダーとなったとき、この経験から、部下たちの担当している仕事の意義を日常よく語りました。

リーダーは、大切な部下が担当しているこれまた大切な仕事が、どれほど価値があるか、部下1人ひとりの仕事について、語れるようにしておかなければなりません。

お客様にとっての価値、後工程にとっての意味、職場全体、会社全体にとっての意義、また、本人の成長や能力開発上の重要性、今後、やってほしい仕事との関係などをきちんと説明し、伝えていくことが、部下の仕事に対する意欲を高め、よい仕事をさせていく力になります。部下に対し、敬意をこめてそれらを語れることが、みごとなリーダーシップになります。

story-34

あるウェブデザイン会社で、前任のリーダーは、部下に仕事を与える際、納期を伝えて仕事を投げるように与えるだけで、部下たちは、ただ忙しく、しらけた思いで仕事をしていました。そのためもあって、トラブルが起き、納期も間に合わなくなって、このままいけば大クレームというとき、会社はリーダーを代えました。

代わって就任したリーダーは、メンバー全員を集め、非常事態宣言を告げました。

「私の任務は、この遅れている仕事を何とか皆さんと協力して、あと1週間で納品することです。この仕事が間に合わなければ、わが社はペナルティを科せられます。それだけでなく、今後、このA社様からの取引停止もありうるところまで追いこまれています。そうなれば、信用はガタ落ちになり、他の得意先にもそのことはいつか知られ、悪影響ははかりしれません。

そんな事態は絶対阻止しなければなりません。**今の仕事は、A社様にとって重要であることはもちろん、わが社にとってもきわめて重大です。ここがうまくできれば、実績となり、ノウハウも蓄積され、顧客を一気に広げられます。そのときにはこのA社様での経験が生かされて、順次、今日のメンバーの多くがリーダー的立場で仕事をしていくことになります。**そのくらいの受注増が見こまれます。みんなのキャリア形成にも役立ちます。でも、失敗すれば、大打撃です。どうか皆さん、力を貸してください。お願いします。

ここまで遅れ、お客様の信頼を損なっている責任はすべて会社にあります。はっきりいって前任リーダーの説明を会社トップはうのみにし、何とかなると甘い判断をし続けてきました。会社は、皆さん方1人ひとりは、前任のリーダーの下で、誠実に仕事をしてきていることを知っています。また、この中のメンバーから直訴に近い提案をもらっても取り上げなかったことも聞いています。

しかし、今は、そうした批判をしている時間はありません。お疲れでしょうが皆さんの力を、あと1週間私に貸していただきたいのです」

全員の目の色が変わりました。リーダーが率直に仕事の意義、価値を具体的に語り、訴えかけてくるのを聞いて気持ちが前向きに動き出したのです。責任は会社、前任のリーダーにあると認め、メンバーのこれまでの誠実な努力を認めるゆえ、力を貸してほしいとはっきり言っているのです。

「わかったよ。新任のリーダーさん。力を貸してやるよ。どうすればいいか、さあ、言ってくれ」というような目つきになったのです。

新任のリーダーは続けました。

「今、私の話を聞いていただくため、全員が仕事の手を止めて、15分が経ちました。これから30分間、1週間後に迫る納期対策会議を開きます。時間はわずか30分です。いろいろ意見はあると思いますが、全員での正式な対策会議はこの30分で終わりです。こうすれば1週間内に完成できる、あるいは現状より効率的に進められるという案があったら遠慮なく言ってください。取り入れられるものはすぐ取り入れて実施します。これで私の話は終わりです。質問はありますか。ないですか。では、どなたでも結構です。挙手し名乗ってから、意見をお願いします」

活発に意見が出ました。それらは、リーダーが考えていた腹案とほぼ同じでした。リーダーは、いちいち、なるほど、いい案ですね。それもいいですね、とメンバーたちの案を整理し、統合、分離し、リーダーの腹案とドッキングさせて、たちまち対策案をつくり上げ、会議はぴたり30分で終了しました。この30分のミーティングの運営で、さらに、メンバーからの信頼感は高まりました。

このあと、リーダーを含め役割分担ごとに懸命の作業を行い、1日平均睡眠4時間で、取引先の協力も得て納期ギリギリに納品できました。

ウェブの評判はよく、ついには、お客様からはよくやってくれましたと高い評価を得ることができたのです。

しばらくすると受注が増し、2年後には倍増しました。

第5章

部下を成功者に育成する

1 礼儀正しさを植えつける
石原裕次郎の激励と握手

部下育成の目的は、部下を成功者にすることです。部下を失敗させては、企業の発展、リーダーの成功はありません。部下が人格、能力を高め、それぞれの目標を達成してくれれば、企業は成長し、リーダーも成功します。

成功者とは目標を達成し、幸福感を得る人です。成功者になる効果的な方法の1つは、成功者の基本マインド、基本動作を部下に身につけさせることです。

私の知るかぎり、成功者はまず礼儀正しい人です。

story-35

昭和の国民的大スターである石原裕次郎は、若い頃はヤンチャな青年、自然児でした。裕次郎が亡くなった頃、ある社長から聞いた話です。

「学生時代、私は早稲田のレスリング部の主将で腕力には自信がありました。渋谷の交差点を渡っているとき、向こうから肩で風を切ってくる背の高い男とにらみ合いになりました。目があってね、そらさないのですよ。交差点の真ん中でにらみ合いですよ。信号が変わって車も走りはじめ、みんな見ている風でした。両方の友人が2人の間に割って入り、事なきを得ました。交差点を渡ったあと、友人が『あれは裕次郎だったぞ』と言いました。『どうりで、見た顔だと思った。けんかっ早い野郎だ』と自分のことを棚に上げて友人と笑い合ったことがあります」

精悍な風貌の社長は快活に笑ったあと、「もう2度と会えないですね。本当に魅力的な俳優でした」と寂しげに語りました。

しかし、その青年裕次郎はスターの階段を上がる中、礼儀正しくなっていきました。

裕次郎が亡くなる3年ほど前、私はテレビで、当時、石原プロ副社長の渡哲也が、裕次郎との出会いを語っているのを見たことがあります。裕次郎が大手術を受けて、奇跡的生還を果たした直後のことです。

渡は映画会社の日活のニューフェースとして入社し、人事の人とともに、各俳優へあいさつ回りをしました。渡は学生時代、空手部に属し、スポーツマンらしくキリッとしたあいさつをしました。多くの俳優は思ったほどの答礼はなかったようです。渡は食堂に裕次郎をたずねました。

「私があいさつすると、石原は立ち上がって、名乗ってくれました。そして、『あなたが渡さんですか。どうぞ頑張ってください』と握手までしてくれました」

誰が見ても、裕次郎とわかるその人が、食事中、あいさつにきた新人に、名乗り、激励し、握手までしてくれたのです。

渡は感動し、裕次郎の温かい姿、笑顔を心に刻み、生涯の記念にしました。

独立し、石原プロをつくった裕次郎は、礼儀正しく人を迎えたため、のちに右腕と頼む渡という石原プロの副社長を得たともいえます。

「実るほど頭《こうべ》を垂れる稲穂かな」という名句のとおり、裕次郎は礼儀正しくなったのです。そうなれたのは、さまざまな人生体験、本人の心がけ、努力、それと彼を育てたプロデューサーらの教えが大きかったはずです。

礼儀正しい人が訪ねてきたら、人は好感をもち、受け入れ、心の門、玄関を開けて、応接間に通し、話を聞きます。逆の場合は、たちまち心の門は閉じられてしまいます。

中身、実力は同じであっても、〝礼儀という目に見える形〟の整った人とそうでない人の運命は大きく違ってきます。

たとえば、礼儀の良し悪しは、就職活動では合格、不合格に決定的影響を与えます。

面接で、面接官は何を見ているのでしょうか。1つはその人の礼儀正しさの程度と中身です。姿勢、態度、歩き方、あいさつのし方、声の出し方、おじぎのし方、目線、表情などです。それらを見て、その人がこれまでの人生でどの程度相手を敬ってここまで生きてきたかを推し量るのです。相手を思いやることのできる人か、相手を尊重し、相手に好感をあたえられるかを、懸命に見つめています。

付け焼き刃では、面接官の目はごまかすことはできません。

すでに就職し、自分は実力があるから、礼儀正しさなんぞは関係ないと思っている部下がいたら、アドバイスすべきです。

「実力は絶対大事だ。でも実力を発揮する前に断られてしまうこともある。それを相手はいちいち口に出して言ってくれない。『あなたはマナーが悪いから損している』とはね。こちらが気づかないうち、切られる。だから注意しないといけない。

また、自分は、マナーのいい方ではないが、それを上回る専門能力があるから大丈夫と安心してはいけない。世間には、礼儀正しく、かつ、実力がある人がいくらでもいる。その人と競争することになったら、負ける。いつ、そういう人と出会うかわからない。どこまでも高みに昇る、そんな気持ちをもって、自分を磨いてほしいのだ」

大手企業の管理者の研修で、職場で社員同士、あいさつができないということが問題になりました。

ある管理者は解決のため、自分の方から朝夕、部下たちに率先してあいさつをしています、と言って嘆きました。

「でも、見習って先手であいさつしてくれる人が出てこないので困ります。これ以上どうすればいいですか」

講師は答えました。

「先手であいさつをされている○○さんは立派ですね。上司が先にあいさつすれば、普通の若者は黙っていても見習うものですよね。でも今はそうもいかない時代なのですね。しかたありませんから、言葉でも、あいさつのタイミング、おじぎのし方などを教えなければならないということです。範を示しつつ、面倒でも教えてあげるしかありませんね」

ある管理者は、自分からは部下に先にあいさつはしない、ただし、上司には先手であいさつしていると言います。

「先輩や年長者に対して、後輩や年下のものが先手でやるのがあいさつでしょう。マナーとはそういうものでしょう」

講師は、次のようなコメントを述べました。

「あえてあいさつの順番をつければそうなります。でも年齢、地位の上下が、あいさつでは最重要でしょうか。地位、年齢、性別に関係なく、相手の存在に先に気がついたものが、人として、相手に敬意を払うのがマナーであり、あいさつです。それが最重要です。また、今問題になっているのは、職場であいさつがお互い気持ちよくできるようにするにはどうするかです」

彼は、礼儀を考えるとき、長幼の序ということが金科玉条だと誤解して、礼儀の本質を忘れたのです。互いに敬意をもって楽しく働きましょうというのが職場のあいさつの本質ですが、先輩、後輩、年齢の上下によってあいさつの後先を考えるため、堅苦しく、複雑で、形式主義的なものとなり、定着しない一因になっています。

そもそも、人によってあいさつを先手でしたり、後からしたりでは、生き方を疑われます。**相手の地位、年齢、職業、性別に関係なく、人として敬意を払う人は、相手からも敬意を払われます。協力を得られ、ビジネス上の業績につながるのみならず、人生の幸福も得やすくなります。**

礼儀の意義を、礼儀のスキルとともに、部下に教えることが大切です。

礼儀正しい人は、相手に好印象を与え、信頼され、人の協力を得られやすく、人の協力を得られる人は大きな仕事ができます。

2 スピードを求める
コピー1件に4時間もかかった理由

成功者はスピーディに行動します。スピードがあるとは、言うまでもなく、行動が速い、よいと思ったことはすぐに実行するということです。

story-36

ある会社で、T主任に職場、会社の問題について2時間ほどインタビューをしました。関係資料のコピーをそのTさんに頼んだときの経験です。

「私は午後3時までこの部屋でインタビューをしていますので、それまでにコピーをお願いします」

頼んだ時刻は午前11時でした。ところがTさんは時間になってももってこないのです。社内電話で、先ほどのコピーを再度お願いしました。

「すみません、今おもちします」

と言われて、さらに待つこと10分。別の訪問先の時間があり、しかたなくもう1度電話して次回の訪問のときか、あるいは郵送でもお願いしようと思って受話器をとったとき、別の人が息急《せ》き切ってTさんに頼んだコピーをもってきてくれたのです。

以下は推測です。Tさんはインタビューが終わったとき、コピーをすぐ私に届けようと考えず、仕事に取りかかり、没頭したためか、コピーの件を失念し、私からの催促の電話を受け、自分がすぐもっていくつもりで、返事をしたのです。

しかし、実際は別の人がもってきました。ということは、Tさんは1分以下ですむコピーの時間、加えて私のいる部屋まで届けて戻る往復3分程度の時間がとれない状態にあったということです。たとえば、前から上司に頼まれていた仕事が遅れて、自分自身が私に頼まれていたコピーをとり、もってくることが、上司の手前できなくなっていたなどです。それでやむをえず、そばにいる人に頼んだのでしょう。

インタビューのときの印象からするとTさんは、こうしたことを繰り返している可能性があるタイプです。些細なコピーとりのような雑用を、少しずつ先延ばしにしているうちにいろいろとためてしまい、納期がせまってからあわててやるのです。当然、急がねばならず、落ち着いてやれば何でもないことでもミスを犯しやすくなります。ミスをすればそのフォローに追われ、なかなか本来の業務の効率アップができません。

忙しそうなTさんはスピーディに仕事をしているようにみえますが、実は仕事に追いこまれて、あわてながらバタバタ仕事をしているだけです。

同じ多忙でも、成功者は従来の仕事に加え、挑戦的仕事に取り組むために多忙になり、本来の意味でスピーディな行動になっているのです。

本当の意味でスピードがある人は、たくさんある仕事をもれなくリストアップし、的確にすばやく優先順位を判断し、簡単にできることはさっさと終わらせ、あとの心配をなくす、あるいは、計画的に、重要な仕事の遂行のすき間時間を利用して、取りこぼしなく、それらを処理していきます。そして、大事な仕事に注力し、パワーをフルに発揮して、業務効率アップにつなげていきます。

つまり、スピーディな行動も、ＰＤＣＡの一連の流れにもとづいて生まれているのです。ただ、行動が速いだけの人は、いつかどこかでつまずきます。

ついでながら、インタビューで優秀な印象を受けた人のほとんどは、面談終了後、10分以内にコピーをもってきてくれました。コピーなどはすぐ片づけることを習慣としているのでしょう。

3 的確なホウレンソウをさせる
報告、連絡、相談の基本手順

成功者は報告、連絡、相談を的確に行っています。

story-37

顧問先で、午前中、社長と話をしているとき、ドアをノックして総務部長が入ってきました。「失礼します」と社長が私に声をかけ、立って総務部長の近くに行き、部屋の隅で2人は小声で話しはじめました。まもなく社長の声が高くなりました。

「あなたは私に何を求めているのですか。この話は聞いておくだけでよいのか、それとも私の判断を求めているのか、つまり、単なる連絡なのか、相談なのかわからない。あなたはいつも最初に報告、連絡、相談の別を言わない。いきなり話しはじめて、こちらは話の焦点がみえず困る。言ってくれれば、あなたの話を聴く際の心がまえ、聴き方のポイントがみえてくる」

「すみません。ご相談です」

「先方様への返事は夕方まででいいだろう。あとで連絡するから」

総務部長は部屋を出ていきました。社長は席に戻り、私に言いました。

「失礼しました。あれは有名大卒で途中入社5年目です。55歳です。でもいまだに全然、使いモノになりません。私の教育のし方が悪かったのですが、もう教育しても間に合わないので来年の異動で総務部長の任をはずし、今の総務課長を昇格させます。課長は、ホウレンソウがきっちりできます。**ビジネスは学歴ではありませんね**」

私はうなずきました。

story-38

別の会社での話です。

Ｄ課長が、作成したレポートを封筒に入れて新人の部下の1人に渡し、隣の課のＳ課長に届けるよう指示しました。届ける際の口上も指示しました。「わかりました。届けてきます」とそのまま部下は出ていき、隣の課に行ったらしく手ぶらで戻り、Ｄ課長と目が合い、部下は軽く会釈し、自席について仕事をはじめました。

3分ほど経って、Ｄ課長がその部下を呼びました。

「あなたはＳ課長にレポートを渡してくれたのかな」

「はい、渡しましたが」

「でも報告がないよ」

「課長に指示されてすぐそのままS課長の席にお届けし、部屋に戻り、そのとき課長に会釈をしたので、あらためて言わなくても届けたことはおわかりいただいていると思ったのです」

「たぶん、君は届けてくれたものだと思っているよ。**でも報告がないと、私の方は安心できないのだよ。『たぶん、だろう』という思いこみが誤解や失敗につながることがよくあるんだよ。**それにSさんは君からレポート名を告げられたとき、どんなようす、表情で、何と言って受け取ったのかも聞きたかったのだ。それによってSさんの今回のレポート案件の考え方の一端を僕は推測しようとしていた。それなら自分でSさんに直接届ければいいと思うかもしれないが、あなたを介する方が、Sさんの素直な思いが言動に表れると思ったのさ。とにかく、ホウレンソウの大事さを確認しておくよ。今後は報告をもって仕事は完了するということをあらためて肝に銘じてやってほしい」

　報告の大事さを説いたD課長の話を黙って聞いていた部下が、最後に、こう言いました。

「わかりました。でも、S課長は席におられなかったので、封筒はデスクに置いてきました」

「何だって、だったら、まず、それを報告しなさい。渡したのと置いてきたのでは違うだろっ」

「それほど違うと思いませんでしたので。すみません。今後気をつけます」
D課長は肩を落としました。

笑い話のようですが、課長にも部下にも教訓があります。部下への教訓は課長の言うとおりですが、D課長も事前に、新人に「あなたに頼む理由」を説明しておくべきだったでしょう。

さて、**報告の基本手順、要領**は次のとおりです。

①件名を言う。「○○についてのご報告です」。
②結論（仕事を指示した上司が一番知りたいこと）を言う。
③理由を言う。
④経過を言う。
⑤必要に応じて自分の意見を述べる。
①から④は客観的事実、⑤は「自分の意見を申し上げてよろしいですか」と一言断りを入れてから、自分の考え、つまり、主観を述べる。客観的事実と主観を混ぜて報告されると聞いている方は混乱するからです。

連絡（つながりをつけること）の手順、要領は、
①件名を言う。「○○についてのご連絡です」。

②連絡の中身・結論を言う。「現在○○の状態です」。

③新たな指示を求める。状況の変化で、上司がやりたいことが新たに出てくる場合があるからです。

相談の要領は、

①件名を言う。「○○についてのご相談です」。

②相談内容と自分の対応案（必要なら原因分析を含めて）を説明します。ポイントは「こうしたい」という自分の考え、提案をもっていることです。案もなくただ「どうしましょう」では相談された方も、考える基準、手がかりがみえづらいからです。

③解決案、それによる成果、実施要領、手順を確かめます。

④実施後の報告を約束します。

なぜ、こんな細かいホウレンソウの要領をここに述べているかといいますと、実は、リーダークラスの中にも、先ほどの総務部長のように的確なホウレンソウができていないことがよくあるからです。

4 改善提案をさせる
「年間提案4万件、実行80％」の風土づくり

成功者は改善提案をよくする人です。現状打破の改善提案が新しい仕事への挑戦を生み、

革新的成長が生まれて、企業は発展します。改善提案できる部下を育成できる人は、すぐれたリーダーといえます。

story-39

Ｂ社は、従業員２０００名ですが改善提案が年４万件出て、そのうちの80％以上が実行に移されます。改善提案の質がよいので、会社は社員が気づいた現場の問題を次々に改善し、新製品を出し、業務効率もアップしています。

そのＢ社の社長は、日頃から社員に言い続けています。

「私は全社的、経営的視点で改善をし続けていきます。でも、細部のことはわかりません。細部とは現場のこと。現場を一番よく知っているのは皆さん方です。日々、現場で、１つひとつの製品は皆さんの手ででき上がっています。心をこめてつくり、注意深く検品してでき上がります。出荷までの全工程の細部に皆さんの心が宿っています。

日常業務をきちんとやり続けるとともに、現場にいてはじめて、これは改善した方がよいと気づくことがあると思います。気づいたことはその日のうちに改善メモに書いてリーダーに提出してください。リーダーはメモを必ずその日のうちに読み、次の日の夕方までに意味のわかりづらい個所は本人に確かめ、意味がわかるように修正して上司に提出してください。上司は全部のメモに目を通し、調査や特別な予算の必要なもの以外は、**よい提案はすぐにとり上げて３日以内に実行に移してください。会社はそれによっ**

て日々生まれ変わることができます。私は改善提案する社員を大歓迎します」

社員に求められているものが日常業務と改善提案ですから、社員は仕事をしながら改善提案をします。B社の場合、改善提案の文化、風土、習慣をこうしてつくっています。

改善提案者はどのような思考、行動要件をもっているのでしょうか。

1つは、**改善提案ができる人は、専門能力があり、その分野に関して的確にPDCAサイクルを回すことができます**。

PDCAは、目標達成のサイクルであり、同時に問題、原因、対策のサイクルでもあります。あたりまえですが、問題指摘、原因分析だけでなくきちんと対策立案までできるのが改善提案者です。つまり成功の法則を回す人です。現状打破の思考をもち、視野は広く、部分と全体、短期的、中長期的視点で考え、改善案を出します。

以前から、B社でも多くの社員が、会社や職場、チームの問題を指摘したり、また、原因や対策を語りました。

しかし、それだけではなかなか改善にいたらず、不満がくすぶるだけでした。そんな風土を打破したいと考えたリーダーが社長に提案して、前述したような改善メモ、そのあとの事務処理のルール、システムにしたのです。問題、原因、対策がすぐに考えられる社員がぐんと増え、自分の業務、チーム業務の改善が格段に進みました。

改善提案のできる人の要件の2つ目は、**上司と日頃のコミュニケーションがよくとれているということです**。日頃から、上司に対して礼儀をわきまえ、あいさつも、ホウレンソウもきちんとやっており、しかも、上司が繁忙でないときを見はからって、改善提案をします。

「失礼します、今10分ほどよろしいでしょうか」とまず上司の都合を聞き、「いいよ」と返事をもらい、それから「○○に関する改善案を聞いていただきたいのですが」と述べて、中身を話します。

その件ならゆっくりあとで聞きたいというのであれば、時刻を約束します。説明をはじめて時間がオーバーしそうなら、別途時間をとってもらえるかを聞きます。どんなによい提案でも、上司のOKが出なければ先に進めませんから、上司にじっくり話を聞いてもらえる状況をつくり出す工夫が求められます。

この辺の呼吸がわからない人もいます。日頃、出退勤のあいさつもいいかげん、ホウレンソウも怠る人が、上司の都合も確かめず、

「改善提案があるんですが。エ、今忙しい？　そうですか。なら、またの機会にします」

と引き下がり、かげでは、

「せっかく考えたのに、忙しいだとさ。それでも上司ですかね。部下の提案は聞くのが上司の役割でしょうにね」

などと上司を非難したりします。上司の役割を言う前に、上司を補佐する役割を認識し、上司が役割を遂行しやすくするため、自分の上司に対するコミュニケーションのとり方を工夫しなければ、せっかくの改善提案の中身も、自分も、上司も生かせず、もったいないことになります。

要件の3つ目は、**改善提案者は改善案をやりとげる覚悟を示すことです**。提案内容を聞き終わったリーダーは必ず確認します。「よい案だ。しかし、皆多忙ですよね。誰が実施するのですか」。心の中では提案者がやるのがよいと思っていても、本人のやる気を確認します。そのとき、優秀な提案者なら、「はい、自分がやります。やらせてください」と答えます。

仕事をしたくない人はそもそも提案をしません。提案しても実行する覚悟のない提案者は、「私は現状の仕事で手一杯です。実行は誰か他の人にお願いします」と逃げます。

提案内容にもよりますが、提案事項は自分が実行者になることが多く、負荷増、リスク増になります。優秀な提案者はそれを承知で提案します。しかし、同時にリーダーに求めます。

「ただ、お願いがあります。ご承知のように私は今の仕事で月末まで手一杯です。お話ししたとおりスタートは早くしなければなりませんから、この改善提案に私がすぐに着手するためには、応援をお願いしたいのです」

と、リーダーから金銭的、人的支援を引き出し、改善提案の実行推進を確実にします。それでも、提案者の負荷増、リスク増はありますが、彼は改善の暁に、リーダーや関係者などから寄せられるであろう称賛を励みに頑張るのです。

5　見本を示す「PDCAの回し方」と「他への働きかけ方」

人材育成法は大きく分けると3つあります。うち2つは前述のとおりで、1つは、OJT、これは職場での実務に関する教育訓練で、リーダーによる育成は主にこの方法によります。2つ目は、Off JTで、職場を離れての研修会などです。3つ目がSD（Self Development）、自己啓発です。

育成上の効果面でのウエイトは、OJTとSDが40～50％くらいと高いでしょう。Off JTは10～20％くらいでウエイトは小さいのですが、OJTやSDの契機となる点において大きな意味があります。

OJTの部下指導、育成の第1の方法は、やってみせること、すなわち、リーダーが手本を示すことです。

部下はリーダーをそばから観察してその行動様式、方法を学習することができます。見本があれば、何事もわかりやすく、それをモデルにしてよい仕事の実践を心がけ、仕事の成功確率を大きくし、能力も増大させることができます。

部下に習得してもらうべき行動は大別すると、2通りです。

1つは**仕事のし方、つまり、PDCAの回し方です**。情報収集のし方、また、何を基準に目標を決定するのか。計画の立て方はいかにするのか、実施のし方、実施後の検討のし方、問題解決策の立案や成功要因の標準化の進め方など、最良と思われる仕事の進め方を見本として部下に見せることです。

もう1つは、**部下、上司、他部門への働きかけ方です**。ホウレンソウのし方、人の意見の聴き方、仕事の教え方、さまざまな優先順位のつけ方、ミーティングのし方、意思決定のし方、伝達・説得のし方、話のし方、交渉・協力依頼のし方、文章の書き方、ほめ方、叱り方、謝り方などです。その中には、ものの見方、考え方もあります。

部下はそれらをよく観察して、「ああ、こういうときにはこうすればいいんだな」「状況が変われば、こういう順ですぐに手を打つんだな」と、リーダーの仕事の成否を確認しながら、リアルタイムで学んでいくことができます。モデリングの効用は大きく、これ以上の実地学習方法はありません。

ただし、見本を示しただけでは、不十分です。部下がリーダーのよさを見習うとは限らないからです。リーダーのレベルの高さにおじけづいたり、努力をいとうことがあります。

リーダーは見本を見せる際、部下に次のことをよく言っておくことが大切です。

「あなたにすぐれたビジネスパーソンになってほしいと思い、期待している。どうだろうか」

そう言われたら、部下は、

「ありがとうございます。私もご期待にそえるよう頑張りたいと思いますのでよろしくご指導をお願いします」

と応じるでしょう。

「そこで、偉ぶるつもりは毛頭ないが、僕はできるだけ見本、参考になるような仕事のやり方を君に示す。よく観察し、よいことは取り入れ、自分のものにしてほしい。そしてわからないときは、遠慮なく質問をすること、また、よく考えること。特に僕の行動の理由、動機を考えてほしい。そして**よいことはまねして実行してほしい**」

観察して、よい点はまねてほしい、と言うのは勇気のいることですし、いつも見られていることはつらいものです。

しかし、「観察し、まねて」と言おうと、言わずにおこうと、上に立つリーダーは、学習と批評の対象です。鋭い目で観察されることは間違いありません。

とすれば、思いきって言ってしまう方が、部下が「この人から学ぼうという心構え」を確かにもつことに役立ちますし、リーダーも自らを律し、向上させる励みにもなります。部下育成は部下のみならず、自分をも高めてくれる行為です。

6 教える

「いつでも質問をもってこい」という姿勢

リーダーの姿は、いわば上り坂の道をあきらめず、根気よく上っていく姿です。部下にそうした生き方は価値があると感じさせ、リーダーのように生きていきたいし、いつかこえていくぞと思わせるのが理想です。それには、**仕事に向かうたくましい姿を見せつつも、時折、仕事の意味、喜びを語り合えるようにしておくことが効果的です。**

リーダーは見本を見せますが、それが完璧であるとは限りません。リーダーの言動に疑問をもつように意識させ、質問や意見を言わせて、それに応じ、答えを語るのです。意見交換することによって、部下はリーダーの言動の深い意味を理解でき、リーダーも同時に、「ああ、そうか、そういうふうに部下はとらえるのか」と、今後の見本の見せ方を工夫したり、自分のあり方を見直すきっかけにもなります。

部下からの指摘、質問をもらうには、共に成長していこうという思いがあることをフランクに知らせておくことです。

story-40

「僕はリーダーとしてベストを尽くすが、それでも、あなたの目から見てまずいこともあるだろうし、疑問に思うこともあるだろう。そういうときは遠慮なく、僕にアドバイスしてほしい。そうしてくれれば、僕も反省して襟《えり》を正すこともできるし、勉強しようとも思うし、自分のやっていることの確認もできる。もしあなたが誤解していると思えば、僕の気持ち、やっていることについてきちんと説明することもできるからね」

リーダーのこうした率直な姿勢があれば、部下も疑問に思っていることを、「失礼ですが」と聞いてくれます。

「リーダーって、上り坂ばかりで、いやになることはありませんか」

「そりゃ、いやになることはあるさ。そういうときは一息入れてから、その坂の頂にある仕事の成功、達成の喜びをまた思って、自分を励ましてやっていくのさ」

「仕事の喜びって、たとえば、どのようなことですか」

「やりとげたときの達成感、爽快感、お客様からの感謝の言葉、部下や上司からの称賛、能力の向上、昇給、賞与の収入増などだと思っている。収入が増えたら家族にも喜んでもらえ、僕がいきいきと働いているのも喜んでもらえるしね。あなたはどうだい」


リーダーの姿を批判的に見させ、おかしいと感じたことを遠慮なく言わせ、それから教えるのですから、部下もよく考えて真剣に問いかけてきます。それだけにリーダーに的確な答えがあれば部下の学びは大きなものになります。次のような例があります。

story-41

産業機械設備会社の24歳の営業担当Nは、S課長の受注案件処理のし方に疑問を抱き、「教えていただきたいことがあります」と声をかけました。日頃から部下に意見、質問を求めているSは、「どうぞ」と快く応じました。

「先頃、同僚のOさんが受注したB社の案件ですが、私が先月受注しようとして、受注中止になったA社案件とはどう違うのでしょうか。今年のトップ方針は利益重視で、徹底して選別受注をするということで、A社案件は赤字になる可能性が大ということで受注しないことになりました。OさんのB社受注はA社受注より赤字が確実で、しかもその額はより大きくなると聞いています。それにA社もB社も新規開拓という点では同じです。ご判断の分かれた理由を教えていただきたいのです」

「なるほど。B社受注は部長、本部長と諮《はか》って急いで決めたので、月末の会議のとき皆に説明するつもりでいました。同じ新規開拓のA社は赤字の可能性があるから受注せず、B社は赤字大が確実なのになぜ受注したかということですね」

Nは大きくうなずきました。

「A社とB社では事情が違い、それで受注判断が分かれました。A社はわが社が得意としてきた電子部品関係の会社です。対してB社は薬品業界です。わが社が今後力を入れていきたい業界です。今まで、ずっと営業してきましたが、今度はじめて発注してくれました。B社は、今度の新工場では、条件さえあえば新しい機械設備会社と取引してもよいと考えたのです。それでわが社は先方の条件を全部受け入れて受注したのです。今後とも薬品業界は伸びていくでしょう。薬品業界では新しい取引先に対しては、必ず、薬品工場の機械、設備の納入実績を尋ねてきます。このとき、『納入実績はありませんが、よろしくお願いします』ではなかなか難しいわけです。今後B社ではブラジル、インドなどにも工場展開を考えているらしく楽しみですし、何といっても著名なB社との取引実績は、今後の薬品業界との取引の可能性を高めてくれます。短期的に利益を追求するというだけでなく、今回、B社は赤字でも将来のマーケットをつくるための実績づくりという点で受注する価値があると判断したのです。意思決定の期限がせまっており、そこで、私が部長に説明し、Oさんと部長の3人で本部長の了解をとりつけ、本部長が社長の了解を得て決まったのです。

利益重視というトップ方針ですが、実際には短期の利益重視と長期の成長戦略のバランスを常に考えて経営判断は行われます」

「わかりました。およその想像はしていましたが、何となく釈然とせず、月末までだいぶ時間があるので、失礼とは思いましたが思いきって質問させていただきました。明確に判断の違いを教えていただき、すっきりしました。勉強になりました」

「率直に質問してくれてよかった。この赤字はどこかで埋めていかなくてはなりませんが、そこのところが頭の痛いところでね。戦略とはいえ、うちの課の赤字計上になることは変わりないから。さらに一段とあなたがたの頑張りを期待しています。詳しくは月末に説明するとしても明日の朝礼のときに、みんなにちょっと話をしておこう。他の人にも、早く知っておいてもらう方がいいからね。質問してもらってよかったよ。ありがとう」

「いえ、赤字分は何とか頑張ります。Oさんをほめてあげなきゃいけないですね。今後ともご指導よろしくお願いします」

リーダーは「いつでも意見を聞かせてほしい、質問をもってこい」との姿勢をアピールしておくべきです。新規分野の投資のための赤字受注の意味くらいは、24歳のNでもわかるだろうと思うのはリーダー側の勝手な解釈です。部下の立場に立ってよく考え、Nが釈然としないこと、たとえば、〝Oをかわいがっているせいかな〟など見当はずれな思いを払拭する必要もあるわけです。これはNが正面きっては聞けない悩みで、放置すれば、Nの心は疲労するだけです。

質問を求め、相手の聞きたいことも推測して、明快に答えることがリーダーシップであり、部下にとっての指針、励みになります。

こうした日頃からのコミュニケーションを通じて、部下はリーダーのものの見方、判断のし方を学習していきます。

7 考えさせる
部下の気づきを誘導するコツ

さて、いつも一方的に答えを教えるティーチングばかりだと、部下は自分でものを考えなくなり、成長速度が鈍ります。

前節と違って、リーダーが部下に質問し、答えを考えさせるのはビジネス・コーチングで、これも必須の方法です。

私は研修で、コーチングの考え方、手法の学習のため、簡単な問題を出しています。コーチングの本質が理解できると思いますのでご紹介します。

次の状況を読み、この女の子に〝コーチングとしての質問〟をしてください。ここでは、ティーチングでも支援でもなく、「女の子に自分で答えを考えさせるための質問」です。

まず状況です。

「小学3年生の女の子がかわいがっていた子犬がいなくなった。女の子は一日中捜し回ったが見つからなかった。

翌日、学校から帰ってくるとまた心当たりを必死に捜し回ったが見つからなかった。

がっかりした女の子は自分の部屋に入って泣いている」

さて、課題です。

「あなたが女の子の母親ならどうコーチングしますか。コーチングとしてふさわしい問いかけ（質問）の言葉を書きなさい」

受講者の代表的答えは次のようなものです。

「いっしょにこれから捜しに行こうね」

この「質問＝答え」は、〝支援〟で、〝コーチングの質問〟ではありません。

「〇〇公園、〇〇の空き地も捜した？」

この「質問＝答え」は、〝ティーチング〟です。捜す場所を教えているからです。

「そのうち必ず出てくるよ」

これは質問でなく〝ただの慰め〟、あえて言えば〝支援〟です。

「捜す場所、全部捜したの？」

確かにコーチングの質問ですが、〝場所〟に注目させる限定的な質問です。見落としていた場所がうまく思いつけばよいのですが、「心当たりを全部捜していた」場合は、そこで行きづまりやすく、また、それを避けるためドンドン質問の中身を変えていくと、しだいにティーチングになります。

実際のその子の母親はこう質問しました。

「泣いているばかりでいいの？　他にできることはないの？」

女の子は、この言葉にハタと泣きやんで、「そうだ、ポスターを貼ろう」と思いつきました。母親も手伝って手書きのポスターを20枚ほど貼りました。次の日、預かっていてくれたお宅から電話があって無事、子犬は戻ってきたのです。

「泣いてばかりいないで（ティーチング）、いっしょにポスターを貼ろう（支援）」ではなく、女の子に答えを見つけさせるところがコーチングの特徴です。自分で思考し、答えを見つける経験が本人の実力向上につながります。

下手なコーチングと上手なコーチングの例をあげます。

story-42

まず、下手な方です。

部下の営業担当者が外回りをして帰ってきて席に座ったのですが、どうも元気がないのです。リーダーが声をかけました。

「元気なさそうだけど、どうかした？」

声をかけられた営業担当者は答えました。

「いえ、別に。少し疲れただけです」

「そうか、そんならいいんだけど」

「ええ、大丈夫です」

「何かあったら相談にのるからね、何でもいいよ」

「ありがとうございます」

部下は一言礼を言うと、また、自分の机に向かい、もの思いにふけるようなようすを少し見せたあと、パソコンのキーをたたきはじめました。

一応、リーダーは問いかけをし、「相談にのるからね」と誘い水を向けているのですが、会話は続かず、営業担当者の元気がない理由もわからずじまいで終わっています。

次は上手な例です。

先ほどと同じ状況で、リーダーが声をかけました。

「やあ、お疲れ様。外回りの調子どう？」（〝元気なさそう〟など否定形で声をかけない。漠然とした「調子どう？」と、答えやすい〝コーチングの質問〟を投げかけている）

「厳しいですね」

「そうだね。こういう時代だからお客様の要求も一段とシビアだよね」（部下の言葉に同意し、その言葉を補強している）

「はい」

「品質面、コスト面、納期面の要望も細かいよね、担当のお得意様はどう？」（一般的課題である品質、コスト面などの視点をあげ、次いで得意先について自然な形で問うている）

「はい、今日訪問したところも、工数の説明を細かく求められ、私の専門知識の乏しさを痛感させられました。『この作業の工数の計算根拠を教えて』という質問に答えられず、途中で頭が真っ白になりまして、それで商談はほぼストップになっちゃいました。冷や汗ばかりです」

「そうか、私も似たような経験あるよ。どんなことが答えられなかったのかな」（自分の失敗の経験を話して親近感をもたせ、その上で核心の質問をしている）

「はい、実は見積りにあるＡ工事の工数３日はかかりすぎじゃないかと、先方の算出工数を示されたのですが、当社の算出の妥当性をうまく説明できなくて……コスト、納期にも関係してくるので」

「そうか。それは困ったね。見積書見せてくれる？」（具体的にかかえている問題、つまり、元気を失っている原因を聞き出し、困ったねと部下の立場への理解を示し、提出した見積書を見せるように求めた）

「はい」

このあと、このリーダーは見積書の積算根拠の数字の読み方、背景を教えました。

すると、部下は細かいことも質問してきました。リーダーはこと細かに答えました。

この場面はティーチングです。

理解できて感謝する部下に対して、リーダーは最後に再びコーチングに入りました。

「今回はこれでわかったね。対応できるね。ところで、今説明したことの基本は新人研修でも教えている。それなのに今日までマスターできなかったのはなぜかな。うちの有望株と見こまれているあなたがどうしたのかな」

「正直申し上げて、その場で喰らいついて覚えるという気持ち、意欲が当時はありませんでした」

「意欲がなぜ出なかったのかな」

「こうした積算は専門家がやってくれるから参考程度に知っていればいいと考えていたのです」

「うん。何か他人の仕事という受け止め方だったのだね。今はどうかな」

「今は、自分で積算ができる大切さを身に染みて感じています。見積書の根拠がわからなければ、お客様に説明できず営業のチャンスがなくなるのですから。お手数をおかけして申し訳ありませんでした」

「よく気がついたね。何事も今の気持ちでマスターしていってください」

「はい、ありがとうございます」

8 実行させる
「任せる、やらせる、自得させる」教育

いくら教育しても、実際に任せてやらせ、実施、体験させせなければ、部下の能力を伸ばすことはできません。「畳の上の水練」という言葉がありますが、畳の上で手足の動きや、息の継ぎ方を教えても、それだけではいつまで経っても泳げないという意味です。実際に、海やプールなどに行き、水の感触、浮力、流力、圧力などを体で感じ、おぼれないよう必死に手足をばたつかせ、息継ぎをして、はじめて泳げるようになります。仕事も同じです。

ただし、「あなたに任せる、しっかり実行を頼む」と言っても、心の弱さなどから部下が実行できないときがあります。その打破には、強いマインドをつくること、危機感や〝希望感〟をもたせることが有効であることはすでに述べました。加えて、実行マインドをつくる上で大切な視点が3つあります。

1つ目は、**計画を具体的に立てさせるということです**。

大きな仕事でもいくつかに分割してみれば、自分にもできそうだと思えるようになります。キャベツを丸ごとかじる人はいません。必ず食べやすい大きさに刻みます。具体化するとは、そういう意味です。実行可能な大きさに分割すればよいわけです。

たとえば、赤字に苦しむ大企業の再建プロジェクトの責任者に任命されたら、やるべき

ことが山のように思い浮かぶでしょう。まず負債額や返済期限の確認、資金手当て策の立案、赤字の原因の把握、その解消策、また、収益向上策、モラール向上策の立案などです。そしてスピーディな実行です。これらを全部並べて眺めれば、途方もなく大きな仕事量で、それに圧倒されて手も足も出なくなります。

しかし、どんな膨大な仕事も、細かく分割して、やるべきことを行動レベルでわかるような具体的計画を立案すればよいのです。あとは1つずつ順番に根気よくやっていくことになります。

すなわち、協力を得たいメンバーを招集するためには、趣旨を明らかにして、電話をする、あるいはパソコンでメールを送信します。この電話、メール発信という小さな行為が仕事のスタートです。会社再建という大プロジェクトも、結局は小さな仕事の集積にすぎません。そして、細分化した項目の計画にそって各メンバーがコツコツと実行し、協力し合い、執念深くPDCAを回していくことになります。

実行の秘訣の2つ目は、**実行することを人と約束させることです**。

不言実行という言葉があります。あれこれ言わず、やるべきことを黙って実行すること、また、実行したことを自慢しないことをいい、徳の高い姿を意味します。

それに対して、有言実行という言葉があります。「やるぞ」と公言して実行することです。徳の高低は別にして、有言実行の方が、実行が担保される可能性が高い分、大きな具体的効用があります。

リーダーは、部下に実行のコミットメント（公約）を求めるべきです。

さらにいうならば、各人の挑戦目標や予定実施工程表を職場で明らかにすれば、部下は苦しみながらも栄冠を目指して実施し、必ず成長していきます。

3つ目は**強引にやらせてしまう、やらざるをえない状況に追いこむことです。**

story-43

食品の総合物流会社で、1955年の創立以来、減収が1度も無く売上増を続けている、アサヒロジスティクスという優秀な会社があります。コンビニエンスストアのセブン-イレブン・ジャパンやスーパーのヤオコーなど多数の得意先があります。

同社会長の横塚正秋が、父・元吉が1945年に創業した会社で働くようになったのは、大学生のときで、アルバイトとしてでした。社員になっても社長の息子としての特別扱いはなく、本人も求めず、あくまで一運転手として、あるいは、請け負った仕事のリーダーとして走り回っていました。正秋が、突如として会社の実質的な経営を任されたのは、74年、満25歳の結婚披露宴の席でした。

何の相談もなく、披露宴の最後に父が、いきなり、

「息子も結婚した以上、一人前ですから、本日より専務という立場で仕事をさせます。自分は今日をもって経営から手を引き、仕事の権限一切を譲ることにいたしましたので、

皆様何とぞよろしくお願いいたします」

とあいさつしたのです。

取引先など会社関係の人々すべてを招いた披露宴の席です。金屏風を背にして立つ正秋にとっては寝耳に水、「親父さん、ちょっと待ってよ」と言いたかったのですが、列席者の手前、神妙な顔で父の言葉を受け止めざるをえませんでした。

息子の心の準備など、父はおかまいなしでした。

親父がそう決めたのだからそれなりの考えがあってのことだろう、期待にこたえるしかないと正秋は思い、新婚旅行に出発しました。当時、父親はまだ57歳です。これ以前に、取引先、金融機関などへ父から、正秋の専務就任の紹介はまったくなされていませんでした。

正秋が新婚旅行から戻り、会社に行き、あいさつして自席につくと、ベテランの事務の女性社員から、こう言われました。

「専務さん、給料計算してください」

「何で専務が給料計算するの。今までどおり皆さんでお願いしますよ」

「給料計算は以前から社長の大切なお仕事になっています。ぜひ専務さんがなさってください。今すぐ計算をお願いします」

当時の給料計算は、複雑な要素も勘案しなければならず、社長が担当していたのです。

正秋は困り、社長に訴えましたが、「もうお前の仕事だからおれは知らん」と相手にしてくれません。これ以降、元吉は10年ほど社長の肩書きをもち続けましたが、一切経営にタッチせず、本当に、経営を25歳の正秋に任せてしまったのです。

しかたなしに事務の人たちにやり方を教えてもらいました。それまでは、いい人たちだと思っていたのに、このときは、ひどい人たちだな、と正秋は思いました。汗をかきながらやっと計算が終わると、次はお金の手当てです。

「では専務さん、お金を用意してください」

「お金？　そういえばお金はどこにあるの」

「信用金庫です。これから行ってきてください」

代表印をもっていき、印を捺《お》して手形を切って現金をもらってきたのです。正秋にとってはじめての経験でした。数カ月するとお金の必要額、調達方法、支払い方法がわかりました。

専務の正秋は、30人の社員のうちの最年少でした。現場で働く先輩、古参社員は「せがれ」とか「マー坊」と呼び、ためらいの言葉で「あのう」と声をかけ、事務の女性社員は別として、誰一人専務と呼ぶものはいませんでした。社員たちは、正秋が一運転手として常に明るく、小気味よく働いている姿に好感はもっていましたが、一躍専務となった正秋が経営者としての器かどうか、冷ややかな目で眺め、親父さんに対するほどの信頼感はまったくもっていなかったのです。

　一杯飲んだときには、

「あんたは専務かもしれないが、おれたちは親父についてきたんだ。あの人は本当にいい人だからな。デカイ面《つら》すれば、いつだって辞めるぞ」

　と言う社員もいました。

　彼らがそっぽを向けば、車は動きませんし、客先に迷惑をかけてしまいます。正秋は父親に不満をぶつけました。

「親父さん、おれが専務としてもう少し働きやすいように根回しとかしないの。皆先輩だよ」

　父は言いました。

「経営や人の扱いというのは自分が体験して覚えるものだ。自分で徹底的に考えろ。お前に経営を任せると言った以上、おれをあてにするな。人間というものはいつ死ぬものかわからないからな。その代わり、何をやっても一切、文句を言わない」

　ほどなく、正秋は1つの考えにいたりました。そして、機会あるごとに社員たちに言い続けました。

「皆さんのとまどいや不安はよくわかっています。私のやるべき一番の仕事は、これまで親父についてきてくれた、会社にとって一番の財産である社員の皆さん方を守ることです。この先、会社にどんな苦しいときがあっても、私の責任で皆さんを辞めさせるようなことだけはしません。そして、無事に定年退職の日を迎えたとき、旭運輸（当時の社名）で働いてよかった、と言ってもらえるような会社にすることだと思います。これだけは約束します」

1年後、正秋を「あのう」とか「せがれ」「マー坊」と呼ぶ社員はいなくなりました。その後、会社は第2次オイルショックのために危機に陥りますが、それを乗りこえ、正秋は、安全運転施策の徹底とガラス張りの経営、従業員満足の施策を次々に実施していきました。

後年、正秋は言っています。

「経営の基盤は、従業員のものの考え方と行動です。企業発展のポイントは、誰しもが潜在的にもっている前向きの思考と能力を、どうすればもっといきいきと発揮してもらえるかです。それは従業員満足、すなわち、ES（Employee Satisfaction）にあると長い間考えてきました。**仕事の価値を高め、会社を伸ばす大小さまざまな創意工夫は、従業員が自分の仕事と職場に心からの自信と誇りを感じ、明日を信じて働くことのできる環境が用意されていなければ生まれてくるものではありません**」

こうした正秋の考えの根底には幼い頃の原風景がありました。小学校高学年の頃、会社は自宅近くにあり、社員は自宅の居間にきて父と話をしました。父の意向で正秋はその場にいさせられることがしばしばありました。苦痛でした。2人の姉、弟は自由に遊んでいました。父と社員の会話から、彼らが、「おれたちは、しょせんハンドル一本に人生を託した流れ者さ」と自嘲的な考えをもっていることを知りました。

社員が帰ると父は、「どう思う」と正秋に問いました。幼い正秋は答えようもなく、ただ、社員に一種の切ない同情の念を子供心にももちました。

こうした思いは、一運転手として彼らと同じ現場で汗を流すことによって深まりました。また、突然、専務にさせられ、先輩社員から経営トップとしてのあり方を問われることにより、若くして、すなわち、ESという言葉がまだ世の中でほとんど用いられていない時代、正秋は「従業員満足なくして顧客満足なし」という経営哲学を脳裡にやきつけたのです。

正秋は社員には誠実、懸命な働きを求め、経営者である自分は「アサヒロジスティクスに勤めてよかったと思われる経営に挑む」と言うのです。

正秋の成長は会社に成長をもたらしました。正秋を成長させる発端は、父・元吉の「任せる、やらせる、自得させる」という教育にありました。


実行は、すなわち体験、これ以上に人の実力を向上させるものはありません。任せれば、部下はやりとげると信じ、思いきって任せることです。

9 指導、育成の時間をつくる

駅のホームに呼び出した松下幸之助

部下を指導、育成する上で、大きな阻害要因となるのは、日常業務が多忙で、指導、育成時間がとれない、ということです。

しかし、これは言い訳にすぎないことが多いようです。部下の指導、育成はリーダーとして生きることの本質的仕事の1つです。その時間がとれないということは、リーダーとしての役割を放棄しているのと同じです。

時間をとる方法は2通りです。1つは既述のように、**「ここで今」（Here And Now）**、2つ目は**スケジュール化**です。

はじめに、「ここで今」の実例です。

story-44

1950年頃、松下電器の名古屋の営業所長で安川洋（後、副社長）という人がいました。

ある日、松下幸之助から電話があり、「明日、急に上京することになった。お前と会いたいから、○時に名古屋の○番ホーム、○号車だ。ホームで待っていてくれ」と言うのです。

まだ新幹線のない時代、早朝の列車を安川が待っていると、列車が滑りこんできて、ドアが開くと松下がホームに出てきました。すぐに立ち話です。当時の停車時間は長かったにしてもせいぜい5、6分でしょう。松下は、成績はどうだ、そうか。あれはどうなった、うん、それでよろしい。あの問題はどうだ、対策はどうだ、あれはこうしなさい。頑張りなさい、ではな、と言って車中の人になり、東京に向かいました。

このときのことを、安川はたびたび思い出して、松下の仕事に賭ける情熱、人材育成に賭ける思いを知り、頭が下がったと語りました。


さて、松下はどんな考え、思いがあって安川をホームに待たせたのでしょうか。松下はおそらく、いつもこう考えていたのだと思います。

名古屋の安川は元気で頑張っているだろうな。チャンスを見つけて、直接会って、激励したいな。しかし、本社の大阪と名古屋は離れていて、なかなか、会えないな。でも会いたいな。

それが、突然、上京することになり、**そうだ、5、6分でもいい、ホームに呼び出せば安川に会えるぞ、と思ったのです**。5、6分の立ち話ですから、おそらく電話でもすむ程度の内容だったに違いありません。

それでも松下は直接安川と会って、〝面対面〟、顔を見ながら話をし、声をかけてやりたかったのです。そういう部下を思うやさしい気持ちがあったから、そして、「ここで今」の心得があったから、会う時間、方法をつくり出せたのです。

「育成の時間がない」のではなくて、「時間をつくらない」ことが実際は多いのです。

次に、スケジュール化による時間確保の実例をあげます。

story-45

ある会社で、リーダーを対象にＯＪＴ研修をしました。ＯＪＴの時間がないことが、ここでも話題になりました。

３カ月後にフォロー研修を行いました。３カ月間の指導、育成の成果を棚卸しして、今後の効果的ＯＪＴのあり方、定着化についての方法を話し合うのです。

リーダーＫの部下Ｈが飛びぬけて成長した、という報告がなされました。そこでＫに、そこまでＨが伸びた原因は何かと聞くと、Ｋは早朝時間の活用について話してくれました。

「私は３カ月前の研修会で作成したＨに関するＯＪＴ計画書を、Ｈに見せました。私は『あなたには、この計画書に書いたとおりの役割を果たしてもらうことを期待しています。そのためには○○能力を伸ばしてほしいと思っているが、どうか』と言うと、Ｈはご期待にそえるようになりたい、ご指導をよろしくお願いすると答えました。そこで私は、お互い忙しくてあなたを教育する時間を平日の昼間にはとれない、夜も無理だろう。

私は今まで8時30分に出社していたけれど、あなたがよければOJTのために8時に出社するが、あなたは8時に出てくるつもりはあるか、と聞きました。Hは喜んで出てくると答えてくれました。そこで朝8時から30分間時間をとり、1カ月である業務の基本をまずマスターさせ、残りの2カ月はQ&Aで毎日、より高いレベルのことを教えてきました。その結果、思い入れもあると思いますが、Hが大きく成長したと評価したわけです」

私はこの話を聞いて、ああ、その気さえあれば、本当に時間はつくれるのだと思いました。

ついでながらこのOJT研修では延べ約600人を担当しましたが、3カ月後のフォロー研修で、600人中、580人のリーダーから、OJTの実践で部下を育成できたとの報告がありました。97%です。できなかった20人は、「OJTをやらなかった」や、「海外への長期出張でできなかった」「人事異動で部下でなくなった」ということでした。

部下育成は一見難しいことと思われますが、リーダーが部下の成長を真摯《しんし》に思い、真剣に取り組めば、時間をつくり出し、必ず成果をあげられるものだと確信しています。

10 先輩部下を活用する
応援を得るための〝通過儀礼〟の手順

入社から10年ほどが過ぎ、自分がリーダーになったとき、入社時の上司が一社員となり、自分の部下になる場合があります。

これには主に3つのケースがあります。現役の上司が定年で再雇用となり肩書きがなくなるケース、または役職定年制のケース、あるいは、年齢、社歴に関係ない成果主義の評価制度による地位逆転のケースです。

部下になった人が定年再雇用者の場合は、比較的気持ちの切り替えがスムーズにいくものですが、成績その他の評価による立場の逆転の場合はそううまくいくとは限りません。

リーダーにとっても以前自分を指導してくれた先輩、上司が部下になるのは、やりにくいものです。中には、かつての上司が、新たな自分の立場、役割を心得て、リーダーを立て、かげでフォローするなどありがたい存在になっていることもありますが、レアケースです。

彼らは入社以来およそ20年から40年のキャリアがあり、それなりの実力もあり、仕事へのプライド、自負心は高く、若いリーダーの実力をあまり高く評価したくない気持ちが多少なりともあるのは当然で、ある程度しかたないことです。

そういう彼らを味方とし、その経験と知恵を獲得できれば、チーム力はぐんと大きくなります。その実現のためには、彼らに、部下としてよりよく生きるための〝価値あるプライド〟をもたせるように、リーダーは働きかける必要があります。

価値のないプライドとは、一言で言えば過去のキャリアや自分の有能さを自慢し、人にひけらかすようなプライドです。

〝価値あるプライド〟とは、自分に備わった高い専門能力、信用、人脈を密かに自負し、その力を育んでくれた会社、上司、後輩、お客様のために尽くそうと思い、かつ、それが今の自分にはできるという誇りです。入社以来のキャリアを経てはじめて、彼らだからもてるプライドです。このプライドの中には、高慢な要素はなく、好感すべき有能さと徳があるだけです。

彼らの気持ちのベクトルをその方向に向かわせて、

「よし、この際、年齢、社歴は忘れよう。こだわっていてよいことは1つもない。このリーダーのもとで一肌脱いで頼もしい部下になろう」

と思わせるようにするのです。

そのための有効な方法として〝通過儀礼〟があります。通過儀礼とは、たとえば成人式、結婚式、入社式などで、今日のよき日を祝し、よりよい未来のために、さあ、新しい人生をスタートしましょう、という意味をこめた儀式で、これをきちんと行うと、程度の差はありますが、どことなく気持ちもあらたまり、新たな自覚をもたせられる効用があります。
先輩部下に対する通過儀礼は、相手が部下になった早い時期に、リーダーの方から声をかけ、落ち着いて話せる場を設けます。軽い世間話のあと、肩の力を抜いて次のような手順で協力依頼の話をします。先輩部下Aをもった新任リーダーの例を見てみましょう。

story-46

まずは、趣旨、あいさつを述べます。

「実は、今後のリーダーとしての仕事のし方について、ご協力、ご指導をお願いしたく時間をとっていただきました」

次いで、感謝の言葉です。今日あるのは先輩のおかげであるという思いを述べます。相手の気持ちを和ませ、協力できることがあれば協力してもよいという気持ちをもってもらうためです。

「私は入社したとき課長であったAさんから約4年、公私にわたり温かい励ましと厳しいご指導をいただき、仕事の基本をしっかり教えていただきましたこと、いまだによく覚えております。あらためて御礼申し上げます。今日までこられましたのは、入社時のご指導のおかげと感謝しております。どうもありがとうございます」

3つ目は、その先輩部下の主担当の仕事の協力依頼をします。相手の専門能力を評価し、それを生かせる仕事をお任せしたいということを、期待をこめて語ります。

「今後の仕事は、引き続きAさんの専門の営業活動をご担当いただきます。特にお願いしたいことは若手に同行し、長年培ってこられた営業のノウハウを伝授して、彼らを一人前に育てていただきたいのです。これが今年前半期のメインの仕事です。その上で、新規開拓活動も期待しております。今後6カ月間の具体的活動案を提出していただきたいと思っております。いかがでしょうか」

協力を求められた相手は、育成する若手のことや新規開拓についての目標や活動条件を確認しながら、抱負を述べるのが普通です。要望には、上司としてできることとできないことをきちんと分けて答え、かつ、抱負を後押しする言葉を添えるようにします。

4つ目はアドバイスを求めることです。

「Aさんの営業のノウハウを、私もあらためてご指導いただきたいと思っております。いかがでしょうか」

と敬意をこめて指導をお願いすれば、相手は気持ちよく、「私でお役に立てるのであれば、お手伝いさせていただきます」くらいのことは言ってくれるはずです。そこでお礼を述べて、その上で、謙虚に、

「なお、私は、リーダーとして頑張りたいと思っておりますが、まだまだ未熟で、Aさんのご支援、ご鞭撻《べんたつ》を得てはじめて職務遂行ができると思っております。私の不備なところはぜひアドバイスいただきたいと思っております。現在、何かお気づきのことがあ

れば、ご遠慮なくアドバイスをお願いします」

アドバイスをもらえれば、お礼を述べ、アドバイスがなければ、今後のご指導をお願いしたいことを伝えます。

次の5つ目が、今回の通過儀礼の最大のポイントで、全面的協力を依頼します。

「アドバイスありがとうございました。今後もご指導をお願いいたします。なお、リーダーという立場上、大先輩のAさんにも、ときにはお耳ざわりなことを申し上げることもあるかもしれません。また、私に関する非難がお耳に入ることもあるかもしれませんが、後輩のやつ、頑張っているなと、長い目で見ていただき、何とぞご支援、ご協力のほどをお願いしたいのです」


このような手順を踏んでおけば、ほぼ間違いなく、了解の言葉をもらえます。中には「私に遠慮は無用、応援するよ。頑張ってよ」と言ってくれる、さばけた先輩部下も出てきてくれるものです。それは、上司でありながら、後輩ゆえ先輩に敬意をもって、かつ、毅然と協力を依頼しているからです。

〝通過儀礼〟を行う以前にも、先手で明るくあいさつする、敬語を使うなど、仕事、人生の先輩への礼を尽くしておくことは言うまでもありません。

こうしたリーダーの配慮は先輩部下の心をつかみ、こちらの意図することを理解させ、彼らの知恵、経験、能力、人脈の活用を可能にし、先輩部下を生かす道に通じています。

11 ベストを尽くすことを教える

失意を乗りこえる根本精神

成功に導きたくても、部下が失敗し、彼らが失望、落胆することがあります。そのときは、立ち直れるような働きかけが必要です。次のようなアドバイスはどうでしょうか。

「僕はね、仕事の成功、失敗には、実力だけでない、運、不運もあると思っている。だから、自問自答したとき、結果としての成功と失敗を超越し、最後は、ベストを尽くし、後悔のない仕事のし方、生き方を自分はしてきている、と思えればいいんじゃないかと思っている」

そう言える根拠は、いかなる人の人生にも成功と失敗が混在しているからです。

松下幸之助は、92歳を迎えようとしていた折、70年の事業体験でもっとも幸せだったこと、もっとも悔いの残ることは何かと記者から問われて、こう答えています。

「70年を振り返ってみると、あれは失敗やったな、考えが足りなかったなというようなことが、非常にたくさんありました。いうなれば毎日がそうした失敗の連続であったということにもなると思うのですが、同時に一方では、これは良かった、あれもうまくいったな、ということもいろいろあって、毎日が成功の連続であったともいえる。

まあ、失敗しつつ成功し、成功しつつ失敗してきたというのが、これまでの自分の人生であったように思います。けれども、そんな歩みを顧みるとき、『とにかく懸命にやってきたな』『我ながらよくやれたな』と、自分で自分の頭をなでてやりたいような気持ちになることができる。そのことが、何よりありがたいこと、幸せなことであるような気がしますね」（日経BP社『日経ベンチャー』1986年10月号より）

松下の深い感慨、滋味あふれる言葉に、私たちは、慰められ、励まされ、勇気を与えられます。経営の神様と称されたこの人においてさえ、成功と失敗を繰り返しているのですから。

そして幸福とは何かを考えさせてくれます。人生とは、生きるように授けられた年月、自分を大切にし、充実させ、価値あると信じることを、やれるだけやることだと思います。当然、やれなかったこと、不十分だったことに後悔はありますが、それのみに目を向けず、限られた時間の中、やれるだけやったと思える事柄が必ずあるはずです。その事柄が、幸せの大きさでしょう。

松下は、自分を充実させ、価値ありと思うことをやり続け、自他共に認める幸せな人生を送った人です。

成功を期しても、失敗があります。それゆえ、後悔を早く切り上げ、結果を度外視して、ベストを尽くしたと思えるように生きることです。

1985年、御巣鷹山墜落事故で大混乱に陥った日本航空立て直しのために、鐘紡会長の伊藤淳二は、再々固辞したにもかかわらず、人格、識見、経営手腕を見込まれて、「お国のため」と総理大臣からいわば三顧の礼をもって日本航空会長として迎えられました。

絶対安全を目指し、労使関係の正常化を図り、改革を進めつつあった伊藤でしたが、すねに傷をもつ航空族の政治家、私利私欲の官僚、日航幹部らの暗躍、策謀により辞任に追いこまれました。そういう裏切り、不条理にあっても伊藤は、その任を辞するとき、後輩たちに言っています。

「朝、目が覚めたら、最善を尽くそうと心に誓い、夜、寝るとき、最善を尽くしたと言えるよう毎日を送ってほしい」

松下や伊藤らの考え、心得をリーダーを介して聞いたからといって、落胆のふちにいる部下がすぐに立ち直り、元気を取り戻すことは難しいかもしれません。

しかし、リーダーが折々に繰り返し失意を乗りこえるための根本マインドを説いておけば、部下はいつか、こう思うときがあるはずです。

「確かに痛い失敗だった。でも、これで終わりじゃない。ここでやめたら悔いが残る。ベストを尽くした、後悔なし、と心から思えるまでやる」

ビジネス人生を支える肯定的マインドを部下に獲得させることは、部下育成の要諦です。

第6章 上司を補佐する

1 上司を動かす

画期的新製品を生み出した副部長の粘り

リーダーシップは、通常、リーダーが部下に対して発揮するものというイメージが色濃くあります。実際は、リーダーは上下左右の協力を得て目標達成を目指します。部下のみならず、上司、他部門、取引先などに対するリーダーシップの発揮です。

そのことを事例で見てみましょう。

story-47

空調会社の技術副部長Yは、部下のBを連れて、お客様の総合電機メーカーT社の液晶事業部長を訪問しました。Yは商談の終わりに、

「他に何かお困りのことはありませんでしょうか」

と聞きました。お客様は、クリーンルーム改善のため空気中のゴミがリアルタイムで確認できる可視化機器があれば便利なのだが、と言いました。

Yは自社開発に自信はありませんでしたが、何とかしたいという気持ちで「研究させていただきます」と答えました。

調べると、すでに同業の何社かは、可視化機器を開発ずみでした。赤外線の強い光を空気中の微粒子に照射し、カメラで散乱光をとらえ、浮遊ゴミを見るのです。自社にな

い技術でした。光源、カメラ、微粒子を測定する機器が必要でした。

　Bとの簡単な実験で、強い光源を入手できれば可視化は可能だと判断したYは、研究予算の稟議《りんぎ》書を技術研究所の所長に提出することにしました。所長は超ワンマンで、稟議書提出前、Bは、気むずかしい所長がどう判断するか心配だと、Yに言いました。Yは答えました。

「わかっている。でもわが社はやるべきだと思う。会社としての競争力アップのために必要だ。君は何も言わなくていいからついてきなさい」

　技術研究所に赴いて、Yが稟議書のプレゼンをはじめると、所長の表情が険しくなり、プレゼンが終わると、所長は強い口調で言いました。

「見えないよ。そんなことしたって」

「いえ、見えるようにしたいのです」

　問答が進み、技術部門の天皇といわれた所長は机をたたきながら言いました。

「こんな方法で見えるわけはない。金のムダだ。即刻やめろ」

　Yはやりたいと主張しました。

　所長は机をひっくり返さんばかりに怒り、プレゼン案の無効を主張しました。しかし、Yは引きませんでした。

「これはただのアイデアではありません。T社さんのニーズがありますし、工夫すれば、見えます」

Bはハラハラしながら2人のやりとりを見ていました。所長は「やめろ」の一点張りです。Yは、やめますとは言わず、「所長のご意見はわかりました」とのみ言って、その場は引き下がりました。BはYの粘り強さに目を見張りました。T社のニーズ、期待がYを支えていました。

Yは技術統括部長に訴え、統括部長主管の予算を回してもらいました。

3カ月後、Yはカメラメーカーに依頼し、高感度カメラを手に入れ、その上で今度は、技術研究所副所長を訪ね、「予算と人は手当てするので研究をお願いしたい。ただし、所長は猛反対ですので、その点ご配慮の上、よろしくお願いします」と頼みました。

副所長は研究価値を認めて引き受けてくれました。統括部長が根回ししてくれていたのです。

本格的実験が開始されました。所長は、副所長が了解しているので黙認したのです。問題は光源でした。できるだけ強い光を当てねばなりません。Y、B、研究所員はいろんな光源を購入して試し、やっと光源の問題をクリアできました。

Yは、お客様のT社の協力を得て、T社工場の現場にカメラ、光源を運びこみ、ゴミの可視化性能の向上を目指して試行錯誤し、2年後、当時、業界で最小単位の微粒子可視化システムを確立しました。可視化システムはT社はじめ各社のクリーンルームに導入されて好評を博し、今は0・1ミクロンのゴミをとらえるまでになり、会社の業績アップに大いに貢献しました。

Yは、部下、上司、カメラメーカー、お客様、その他営業部門をはじめ多くの社内外の協力を得て、可視化システムの完成という目標を達成したのです。関係者全員の協力を得たゆえの成功でした。

ただし、この事例の成功の出発点は、他部門の研究所長の説得に失敗したリーダーが上司に当たる統括部長の協力を得たことにあります。

仕事は上司の指示、命令があってはじめてはじまり、また、その指導、支援は仕事の進め方の良否を左右し、成果にも多大な影響を与えます。いわば**上司は身近な権力者で、信頼、協力を得れば、リーダーの成功の確率は増大します。**

上司の信頼、協力を得るには、上司が働きやすく成功しやすくなるように補佐・補完することです。

上司への補佐・補完をねらいとした部下の働きかけを「フォロワーシップ」といいます。

フォロワーは「部下」、シップは「あるべき状態」で、フォロワーシップは「部下としてのあるべき姿・働きかけ」を意味する造語です。

的確なフォロワーシップは、上司の信頼、協力を得、部下へのリーダーシップや他部門、協力会社などへのパートナーシップの発揮に大きな好影響を与えます。例で見たとおりです。

みごとなフォロワーシップの発揮は、上司の成功を助け、上司の協力、活用を可能にし、自らの成功にもつながっていきます。

フォロワーシップは新人でも発揮できます。

story-48

ある研究開発部隊が、新製品の試作機を開発しましたが、ほんの少し動作の信頼性に欠けました。テスト、設計の見直しなどを繰り返しますが、安定せず、タイムリミットがせまってきていました。

今日がラストチャンス。祈るような気持ちでトライしましたが、また失敗でした。精魂つき果てた責任者の課長もプロジェクトメンバーも呆然《ぼうぜん》といすに座りこみました。行きづまったときは、いつも課長かサブリーダーが明るく激励の声をかけていたのですが、今は誰も言葉を発しません。修正を重ね、鉛筆で黒くなった設計図が何枚も机の上に投げ出されていました。誰もが意気消沈し、皆うなだれました。

そのとき、パンパンパンと手拍子が鳴り、

「さあ皆さん、はじめからです。はじめからやり直しましょう」

と明るく大きな声が聞こえました。新人の女性Aでした。

でも誰も反応しません。ここ1週間、皆よく寝ておらず疲れきっていたのです。目もうつろで、がっかりしたメンバーに睡魔が襲ってきていました。Aはそのようすを見て言いました。

「しょうがないですね。それでは15分間だけ眠りましょう。15分経ったら私が起こしますからね」

Aが言うと、課長はじめメンバー全員が思い思いの格好で目をつむりました。

15分経つとAが、「起きてください」。それから、「時間はまだあります」と続けました。

実際は、時間はもうないのです。これまで何度も課長が技術担当常務に納期延長を願い出て、やっと許されていた状況でした。ラストチャンスは今の失敗で消えていました。

Aは、しかし、また繰り返しました。

「皆さん、もう1度、はじめからです。納期延長はまた課長が常務に了解をとっていただけますよね。課長、よろしくお願いします」

テスト失敗、落胆、あきらめの心境、襲ってきた睡魔、これに対して、すぐに眠りに入ったことが、不思議にもメンバーたちの心身をわずかに解放し、疲れ、悔しさを癒やし、かろうじて意欲を取り戻すことに役立ったのです。でも、皆一様にボーッとしています。

そこへAの声がまた響きました。

「全員、疲れはとれました。あとは、課長のゴーサインをお願いします」

このままじゃ終われない、と心の底では誰もが思っていた、その心がゆさぶられました。

そうだ、はじめからやり直しだとばかりに、今度はメンバーの別の1人がパンパンと手拍子を打ちました。

全員の目が課長に注がれ、課長は黙ってうなずき、すぐに常務に電話で再テスト、納期延長を要請しました。

電話を受けた常務も、課長以下全メンバーに試作品開発を頼むしかなく、「頑張れ」と課長を激励しました。あとからわかったのですが、このときの時間延長で常務は社長から厳しく叱責されました。社長も待つしかないことは十分にわかっていましたが、半年前にプレス発表していたこの新製品発売を、他工程をいくら短縮しても延期せざるをえなくなったからです。

常務からテスト時間をもらえたことで、メンバー全員が一挙に生気を取り戻しました。発売延期のことは課長以外には知らされませんでした。

会社としては、プレス発表した期限にまだ間に合うようにメンバーたちに思わせて励みとさせ、余分なプレッシャーをかけない配慮をしたのです。メンバーは早速、試作品の詳細図の見直しをはじめ、ついに、1週間後、小さな部品の数十万回に1回起きるわずかな障害を見つけ、ようやく試作機を完成させました。

再度のプレス発表時には完全に量産化の見込みがつき、正確な発売時期も発表できたため、お客様に大きな迷惑をかけることなくすみました。新製品は好調な売れ行きを示し、常務、課長、メンバーは名誉を挽回でき、1年後には社長賞を受賞したのです。


さて、このケースで試作機失敗のとき、メンバー全員の気持ちを立ち直らせたのは、責任者の課長でも、居並ぶ経験豊かな9人の先輩社員でもなく、入社10カ月に満たない若い女性社員Aでした。

このことから、リーダーシップは名演説、高い専門能力、地位、年齢を必ずしも必要とせず、男女の別もなく、人を元気にさせたい気持ちと、その方法を編みだし、それを行動に移す勇気さえあれば発揮できることがわかります。

Aが不良、不適合を発見、対応策をつくり、一気にテスト合格にもっていければ素晴らしいのですが、自分に専門能力がないとき、専門スキルの高い他のメンバーに「さあ、はじめからやり直しましょう」と呼びかけ、「15分間の睡眠」を提案し、すぐに時間延長を課長に頼んだことが、みごとな働きかけ、すなわち、上司、先輩の補佐、フォロワーシップの発揮になっていました。

この組織の公式なリーダーは課長ですが、フォロワーシップを含めた広義のリーダーシップは、課長一人のものでなく、メンバーの数だけありえます。ちなみに「15分間の睡眠」は、Aの思いつきで、何となく気分転換になればよいと思ったのです。

課長は、Aの働きかけに救われたことを常務に話しました。

Aはこの〝激励〟によって社内で有名になり、その後いろいろと活躍の場が与えられ、期待にこたえて20数年後、この会社で女性としてはじめて製作部門の課長になりました。

2 上司の求めているものを察知する

監督の求める捕手像を考えた古田敦也

「もしこの世の中に成功の秘訣があるとすれば、それは常に相手の立場に立って考えることの中にある」と言ったのは、自動車王といわれたヘンリー・フォードで、普遍性のある言葉といえるでしょう。

「相手」とはフォードの場合、たとえば、お客様です。お客様の立場に立つとは、自動車会社のフォードにとってはお客様が求めている車を考えることで、それは、安くて性能のよい車です。その車づくりを追求し続けた結果、車両、エンジンの改良を行い、流れ作業システム（コンベヤーシステム）を確立し、T型を生産して大成功を収めました。

story-49

日本一の名捕手といわれたヤクルトの古田敦也は、立命館大学に入ったときは、投球リードも、打撃も、捕球も、肩も一応のレベルでしたが、特長のない捕手でした。正捕手には打撃のいい先輩がいて、彼はいつも控えでした。2年生の春、いったんは正捕手の座をつかみましたが、秋には先輩にその座を奪い返されてしまいました。

古田はどうしたら正捕手になれるか考えました。

理想は、打撃、守備両方の力をつけられればよいのですが、自分の力量では、両方に時間を割いて練習しても、攻守とも大して効果はあがらず、現在の正捕手を追い抜くことは困難だろうと判断しました。では攻守どちらに練習の重点をおくべきか、悩みました。

古田は自分の長短を見つめて答えが出なかったのですが、あるとき視点を変えてみました。チームは監督あってのもの、監督に使ってもらうためにどうしたらよいかを考えたのです。古田にとってこの場合「相手」は監督で、監督の求めている捕手像を考えました。

当時、立命館大学は打力で勝つチームではなく、守って勝つ、小差で勝つというチームカラーでした。監督のチームづくりの重点を古田は知りました。監督が捕手に求めるのは打撃以上にすぐれたリードと捕球、そして、盗塁を阻止する肩でした。そこで、古田は、現在の正捕手の特長である〝打って守れる〟ではなく、〝打撃はともかく徹底的に守れる〟捕手を目指しました。

リードと捕球、肩を鍛える練習をしました。特に肩は盗塁阻止力を高めるのがねらいです。捕球してから一瞬でも速く、正確に2塁ベース上に投げる練習を重ねました。

やがて、監督から先発出場のチャンスをもらえました。その試合、古田は1本のヒットも打てなかったのですが、僅少差で勝てました。古田は相手チームのランナーの二盗を阻止し、正捕手の座を奪うきっかけをつかみました。古田のリード、守りが勝利に大きな貢献をしたからです。

肩をつくるための肩、腕、足、腰などの体力づくりは、打者としての古田にもよい影響を与えました。相手バッターの読みの裏をかく投手リードは、自分がバッターボックスに立ったとき、相手バッテリーの自分への配球を読むことにも役立ち、ウエート・トレーニングの効果もあいまって、打撃力向上につながっていったのです。

古田が社会人野球を経てヤクルトに入団したときは、すでに24歳でした。監督は、日本の戦後最初の三冠王で、往年の日本一の名捕手といわれた野村克也でした。正捕手候補は5人いて、激しい競争でした。古田はすぐ考えました。

「野村監督の好みのキャッチャーになりたい。野村監督の理想のキャッチャー像って何だろう。いったいどうすれば1軍のゲームに出られるか」

そこで彼は、野村が書いた本をむさぼり読んだのです。そして、野村の求める野球を徐々に理解していきました。「野球は頭でするもの」「ミスの少ないチームが勝つ」「野球は守って勝つもの」など。だから、やはり「守れるキャッチャーは、きっと使ってくれる」と確信しました。

4月末の巨人3連戦の初戦が古田のプロ初スタメンでしたが、負けました。翌日はベンチの控えでしたが、第3戦のスタメンを告げられ、野村から試合中、巨人各打者の特徴を細かく教えてもらいました。合宿所に戻ってもさきの負け試合のビデオを何回も見て、巨人各打者を細かく分析し、研究しました。

そして第3戦。この試合、古田の好リード、プロ入り初ヒットの決勝タイムリーで、2対1で勝ったのです。翌日のスポーツ紙に載った野村のコメントは、古田にとって忘れられない言葉になりました。

「バニスター（投手）もよく投げたが、やっぱり古田のリードが一番だな。洞察力、判断力という点でうまいリードをした。久しぶりに、会心のリードを見せてもらったよ」

ふだんは厳しい野村からの最大級の賛辞でした。この試合がレギュラーの座を獲得するきっかけになりました。

ある電力会社の名経営者は、会長になったとき、記者から出世の秘訣を聞かれて、上司の立場でものを考え、上司の成功を支援したことにある、上を成功させることによって自分は引き上げられたと答えました。

上司への支援とは、お世辞を言ったり、ゴマをすることではありません。そんなことはリーダーのやるべきことではありませんし、上司に心の卑しさを見抜かれてしまいます。上司の期待する働きをすることです。**上司の立場に立って、上司の成功を考え、仕事をし、それを実現する者は、回りまわって自分の成功を上司から与えられます。**

3 「価値ある不服従」を実行する

3Mの「15%ルール」はこうして生まれた

たとえすぐれた上司でも、いつも的確な判断ができるわけではありません。上司の手が足りない分を部下が手伝うのは補佐の1つですが、上司の判断ミスを補完、あるいは、あらためさせることは大きな貢献です。

上司の判断に誤りがあるとき、長いものには巻かれろで、上司の指示、命令に従うのでは、部下は上司を生かせず、自分も生かせず、会社を発展させることもできません。

上司が判断ミスをしたときは、命令に逆らっても、自分の信念にもとづき、それを補正、修正し、事業を発展させてこそみごとな部下といえます。

アメリカの世界的化学・電気素材メーカーの3M（スリーエム＝ミネソタ・マイニング・

アンド・マニュファクチャリング・カンパニー）には「15％ルール」というのがあります。研究所員は、就業時間のうち15％の時間は、直属の上司の了解がなくても、自分の好きな研究に使ってよいというルールで、このルールが3Mの製品開発力を高めている1つの理由といわれています。

このルールは、研磨材メーカーだった3Mを成長の軌道にのせた名経営者ウイリアム・マクナイトの発案によるもので、ある部下の〝命令不服従〟から生まれたものです。

1923年、リチャード・ドルーという26歳の3Mの社員は、研磨布紙を売るため自動車メーカーの工場を訪問しました。そこで彼は、自動車塗装工からツートンカラー（当時車を2色に塗ることが流行）の塗装がうまくできないことの相談を受けました。車体に新聞紙をのりで貼りつけているのですが、貼る手間がかかり、のりが弱いとはがれ、強すぎるとはがす手間がかかる上、にじみができてしまうのです。ドルーは解決方法として、色と色の境目をテープのようなもので覆うというアイデアを思いつき、「喜んでもらえるようないいテープをつくりますから」と塗装工と約束をしました。

自動車業界は、スピーディに正確に貼れ、かつ、用がすめばきれいにはがれ、塗装面を一切よごさないマスキングテープを求めていたのです。

ドルーはこの開発に打ちこみました。彼はこれぞと思うテープの試作品を自動車工場に持ちこみ、塗装工と実験しましたが、何度やっても失敗です。たとえば、クラフト紙に特殊加工した植物油をのりとして用い、簡単につき、はがせるものをつくりましたが、のりが塗料を漂白してしまいました。

社長のマクナイトは、ドルーの失敗が続いているのを知り、憂慮しました。あまりに続く失敗は3Mへの信頼を損なうと心配し、また、前途有望なドルーが無理なテープ開発の深みにはまって将来を棒に振るのを恐れました。マクナイトは、彼の上司に、テープ研究の中止と別の研磨布紙研究を命じました。

ドルーはしかたなく命令に従いましたが、頭には常に塗装工と約束したテープのことがありました。ある夏の日、工場で研磨布紙用の大きなロールペーパーを自分の手で押さえて切っていたとき、紙の感触から、これが探し求めていたテープ用のペーパーであると感じました。

ドルーはそのクレープ紙を使ってテープの試作をはじめました。就業時間が終わってからも研究を続けたのです。そしてある日、ドルーがテープに接着剤を塗っている現場にマクナイトが現れました。

マクナイトは「何をしているか」と問いました。

ドルーは内心あわてましたが、覚悟を決めて「テープの試作をしている」と答えました。

「テープの試作は中止という指示を出している。それを君は知らないのか」

「知っています」

「知っていれば、それに従うべきだろう」

このとき、ドルーは「お言葉ですが」と言って、この開発の有用性を説きはじめたのです。試作品を手にとって見せ、貼って見せ、はいで見せました。今回の試作品の柔軟性が有効で、自動車会社はこの製品を待っています。需要はあります。もう少し研究させてください。今、ようやくぴったりのクレープ紙を手にしたのです。どうかやらせてください。ドルーは強く訴えました。

マクナイトは、ドルーの説明に納得し、彼の情熱に打たれ、研究開発続行を正式に認めました。その後、ドルーは幾度も失敗しましたが、ついに塗装職人との約束を果たせるほどすぐれたマスキングテープを完成させました。

自動車業界はこぞって3Mのマスキングテープを使用するようになり、3Mの初期のヒット商品になりました。2年間のドルーの苦闘は報われました。

このマスキングテープは、3Mにとって研磨材以外の製品として最初のものであり、その後の膨大な製品多角化の出発点になりました。

マクナイトはドルーのマスキングテープ開発を通して、研究開発には「価値ある不服従」が必要であるという教訓を得ました。それが、研究者は就業時間の15%を、自分で価値あると考えたこと、あるいは夢に向かって使ってよいというルールをつくるきっかけになりました。ドルーはマクナイトの判断ミスを正し、補完したのです。

ドルーはその後、接着剤のついた産業用セロハンテープを開発しました。これに加えて、３Ｍのセールスマネジャーが手軽なカッターを考案し、現在、世界中の一般家庭でもひろく使われる「スコッチテープ」という大ヒット商品になりました。


ドルーは自分のやっていることに1つの信念をもっていました。だから、すぐれた経営者であるマクナイトに食い下がることができました。

ちなみに、今日よく知られている「ポスト・イット」も15％ルールにもとづく産物ですし、住友３Ｍの自動車用内装部材の樹脂製ファスナーも、このルールを活用した技術リーダーたちの協力から生まれています。

4　代理を務める
「鉄鋼王」カーネギーの越権行為

上司を補佐、補完することの1つとして、臨機に代理を務めるということがあります。

名リーダーになるような人は、日頃からすぐれた上司の姿、仕事のやり方を研究し、いざというときは代理が務められるよう自分を磨いています。

story-51

1835年、後の「鉄鋼王」アンドリュー・カーネギーはスコットランドの小さな家の屋根裏部屋で生まれました。貧乏でしたが、愛情あふれる家族に恵まれました。父は手織工で、機械化が進んで生活は苦しくなり、カーネギーが13歳のとき家族は親戚を頼ってアメリカのピッツバーグに渡りました。

少年カーネギーはこの先いつまでも続くかもしれない貧困を恐れ、毎日のように悪夢を見ました。はじめての仕事は綿工場の糸巻き工で、週給1ドル20セントでした。まもなくほんの少し給料のよい仕事に変わりましたが、少年にとってつらい重労働でした。悪夢は続きました。わずかな慰めは、自分の仕事が、家計にいくらかでも役に立っているということだけでした。

それでもカーネギーは、希望をもち、忠実に仕事を続けていれば、いつか、必ずよいことが起きると信じていました。それは、貧しい中でも、独立心をもち、名誉を守るという父母からの教えが大きな要因でした。

すると、計算力があり、文字もきれいだったカーネギーは、同じ工場の請求書作成の仕事を任されるようになり、少しはつらさから解放されました。

15歳のとき叔父の紹介で電報配達夫になりました。さまざまな人と出会える楽しい仕事でした。朝早く出勤し、配達前の時間、電気通信の技術をマスターして、配達夫から電信局の通信技手になりました。ここから彼の未来はひらけていきました。

18歳のとき、カーネギーは、ペンシルベニア鉄道監督官のトマス・スコットから声をかけられ、同鉄道の事務員兼電信技手として採用されました。スコットが仕事で電信局に電報を頼みに行き、その際のカーネギーの明るさ、有能さを認めたためでした。月給は25ドルから35ドルに跳ね上がりました。スコットはカーネギーからみて天才的な人物でした。スコットはのちに、同鉄道の総裁になった人です。

その天才であった上司のスコットが、20歳を過ぎたばかりのカーネギーに脱帽する事件が起きたのです。

当時、鉄道は単線で、運行管理も幼稚なものでした。手旗信号が主流で、まだ、電信で汽車の運行指令を出すことは少なく、電信指令は、いわば、信頼性の乏しいあぶない方法で、監督官スコット以外は電信指令を出すことは許可されていませんでした。そのため、故障や脱線などの事故発生時には、全線の運行指令のため、スコットは夜間たびたび出勤しました。事故後、運行正常化のためスコットは徹夜を余儀なくされ、翌朝はよく遅れて出社しました。

ある朝、カーネギーが事務所へ行くと、東部管区内に大事故が発生しており、下りの急行列車が遅れ、上りの客車は全線とも信号手の指図によって徐行運転をし、上下線の貨物列車はすべて待避線で停止していました。頼りのスコットが見つからず、混乱は広がるばかりです。乗客、特に乗員の疲労はピークに達し、ついにカーネギーは全責任を負い、自らの手によって、事態を解決しようと決心しました。もし失敗すれば、クビになるだけでなく、法的な罰をこうむるはずです。「死ぬか生きるか、運命の別れ道だ。しっかり、やれ」と自分に言い聞かせました。

彼は、決断する前、ほんの少し自問自答しました。自分は全組織を正確に動かすことができるか、そう、私にはできる。なぜなら、上司スコットの指令を何度も電信で送った経験があり、自分は解決方法をよくわかっているからである。

カーネギーはスコットの名で指令を出し、全線の列車を動かしはじめました。機械の前に座ってじっと動きを見つめ、駅から駅への進行状況を電信で報告してもらい、的確に、かつ、慎重に指令を出していきました。

事務所に出勤したスコットが事故を知ると、急いでカーネギーのそばに座り、指令を書くため鉛筆をとり、カーネギーに目で状況はどうかと問いました。このとき、すでにカーネギーの手によって列車はすべて順調に運行していました。

カーネギーは恐る恐る、スコットさんが見つかりませんでしたので、今朝早く、あなたの名前で指令を出しました、と伝えました。明らかな越権行為です。スコットは顔色を変えず、冷静な声で、万事うまくいっているか、東部急行は今どこにいるのか、と聞きました。

カーネギーは、自分の出した指令書、現在の客車、貨車、軌道車などの位置情報、列車が通過した各駅からの通信などを見せました。確かにすべては順調に動いていたのです。

スコットは一瞬カーネギーの顔を見ました。カーネギーは顔を上げることができませんでした。スコットは無言で、あらためて何が起きたのか、カーネギーの出した指令、受信報告を見つめていました。それから、うつむいているカーネギーを見て、何も言わず自席に戻っていきました。天才もしばし、現実に起こったことを信じがたく、その価値を認めるのに時間がかかったのです。

このことをカーネギーは誰にも言いませんでした。言えば越権行為であり、また、スコットの立場も悪くなると考えたからです。乗務員の誰もが、スコットが指令を出したと思っていました。スコットのようすから、カーネギーは、今後はこうしたことはやってはいけないと考えてひどく気分がふさぎました。

ところが、それから数日後、暗雲は吹き飛びました。あの日の夕方、スコットが、貨物部の主任に、今朝の事故の際、銀髪のスコットランド出の小僧がやらかしたことを知っているかと問い、主任が何も知らないと答えると、

「誰の命令も受けずに、私の名で全線の列車を動かしていたんだ」

目を丸くして驚く主任に、万事うまく運んだんだと、スコットが笑顔で言ったというのです。

カーネギーは、自分は間違いなくスコットのために仕事ができた、やったことは正しいことだったと確信できました。このあと、スコットが列車の運転について指令を出すことはほとんどなく、カーネギーに任されたのです。

さらにこのことは、スコットを通じてペンシルベニア鉄道社長の耳に達しました。ある日、社長は、スコットの部屋に入ってきて、「スコットさんのアンディ君（アンドリュー君）」とカーネギーに声をかけてくれたのです。

カーネギーはこの経験から言っています。

「少年はみな、自分の仕事の領域を越えて、なにか大きなことをめざすべきである。なにか上司の眼にとまるようなことをやるべきである」（『カーネギー自伝』中公文庫）

カーネギーの出世のスタートは、責任をとる覚悟で、上司の代理をみごとに務めたことにあります。**代理の機会は突然やってくることが多いものです。上司の仕事を研究している人がそのチャンスをモノにできます。**彼らは日頃、常に上司の仕事のし方を観察し、疑問は問うて、確かめています。

5 進言する
本田宗一郎を説き伏せた久米是志

上司、とりわけトップ経営者に進言をするときは、相当な緊張を強いられるものです。ましてその人が天才的技術者にして当代を代表する経営者であり、しかも進言内容が、その人が信念をもって推進していることを真っ向から否定することであれば、相当に腹のすわっているリーダーでも恐ろしいものです。

しかし、**企業全体のためその恐ろしさを乗りこえて進言する勇気が、リーダーには求められます。**

story-52

実際に怖さに耐えながらやりとげたリーダーは、久米是志《ただし》（後、ホンダ3代目社長）、進言相手は本田宗一郎です。

本田の信念とは、自動車エンジンの冷却を空冷（水を使わず、ファンで風をおこして冷やす方式）でやることでした。対して、久米は他社もやっている水冷式でやるべきという意見でした。

なぜ本田が、空冷にこだわったかといえば、４輪自動車に参入前、２輪のオートバイで独自技術の小型高速空冷エンジンを成功させており、４輪では、１９６７年、軽自動車Ｎ３６０を2気筒空冷でヒットさせ、今また、つまり、69年、小型車Ｈ１３００も空冷で発売していたからです。

　こうした実績が本田を支え、また、何と言っても、他にないものをつくる、独創的なものをつくる、「画期的な小型乗用車をつくる」というのが本田宗一郎という技術屋の誇りでした。もちろん、４輪メーカーとして後発のホンダにとって、４輪の空冷エンジンを成功させれば、非常に大きなインパクトを業界に与えることができると考えていたからです。

　しかし、空冷は小さなエンジンでこそ可能でしたが、大きなエンジンには大きなファンが必要で、その振動を抑止する装置や複雑な冷却風通路のために重量増、コスト増になり、運転性能にも欠け、その上、北海道のような寒冷地ではエンジンが温まらず車室の暖房がきかなくなる心配さえあったのです。

　本田はそれらを技術屋として必ずクリアしていく信念をもっていました。現場の若手は本田の思いを実らせようと必死に挑戦しましたが、４輪では空冷は不可能という結論にいたったのです。実際、Ｈ１３００は売れなくなっていました。ましてそれ以上大きなエンジンは論外でした。

　当時、主任研究員であった久米は、苦心を重ねた結果をふまえ、本田に、４輪では空冷は無理、水冷でやっていきたいことを何度も訴えました。しかし、本田は久米の進言をことごとく退けました。

深刻な技術論争の果て、久米と本田の溝は深まり、若手技術者たちの気持ちも本田宗一郎というカリスマから離れつつありました。

空冷で研究所が突っ走り、そして、無理な空冷エンジンをつくれば、大事なお客様からも見放され、会社自体がおかしくなってしまいます。

久米が苦しみの中にいる70年夏、久米はもう1人の創業者で副社長の藤沢武夫から熱海の旅館に呼び出されました。藤沢は空冷のＨ１３００の販売不振で苦労している最中でした。最近、技術研究所がうまくいってないようだが、説明にくるようにとのことでした。

久米と藤沢はお互いに顔を知っているという程度でした。相手は経営戦略、販売などの最高経営責任者、久米は技術屋でほとんど交流はありませんでした。

久米にとって、藤沢は本田より怖い存在でした。久米は技術屋の責任を問われ、必ずこっぴどく怒られると思いました。しかし、どうせ怒られるなら、言いたいことを言った方が得だと、腹をくくりました。

すぐに若手技術者を集め、藤沢との面談に使うことは内緒にして、水冷と空冷を比較する形で空冷の欠点を模造紙にすべて書き出すように言いました。若手は何も知らず、思うぞんぶん書き出しました。

翌日、それをたずさえて久米は藤沢の待つ旅館に行きました。藤沢は立派な座敷に1人で座って待っていました。

藤沢はほとんど初対面に近い人です。緊張して久米があいさつをすると、「来たか、ご苦労さん。じゃ、話してください」といきなり言われました。久米は、慧眼と明敏な頭脳をもつ藤沢を正面に見て話すことが怖かったのです。気押されて言いたいことが言えなくなる心配がありました。そこで模造紙を壁に張って、それを見ながら、つまり、失礼なことですが、後ろ向きのまま、説明したのです。

説明が終わり、叱責を覚悟して振り向くと、案に相違して穏やかに「そうですか」という返事のみが返ってきました。やや沈黙があって、最近、大気汚染の問題が出ているが、空冷でクリアできるか、と問われました。

久米は、空冷では無理、「水冷ならできると思います」と藤沢の目を見ながら言いきりました。久米は、本当はできるかどうかわかりませんでしたが、気合いでそう答えたのです。

「そうか、よくわかりました……。ようくわかりました」

と藤沢は、あいづちを打ってくれましたが、久米がほっとする間もなくこう言いました。

「久米さん、明日帰って、同じことを本田さんに報告してください」

「それはないでしょ」と思いましたが、久米はわかりましたというしかありませんでした。その後、雑談、夕食となりました。藤沢は洒脱、笑顔で楽しい話を連発しましたが、久米は明日のことを思うと食事がのどを通りませんでした。

翌日昼近く、和光研究所に向かいました。守衛所に「社長来てる」と聞きました。「来ているけど、何かご機嫌が悪いよ」との返事です。久米は庶務課に行き、一応、念のため、社長の機嫌はどうかとたずねると、やはり「ものすごく機嫌悪いですよ」との返事でした。久米の心は一層重くなりました。でも、正しいことを告げるのだと、自分を鼓舞しました。

久米は本田のいる質素な造りの社長室に向かいました。窓の外からのぞくと、本田の後ろ姿が見え、不快そうにしているのがわかりました。久米はこれはガツンとやられるな、何が起こってもしょうがないと、覚悟を決めました。模造紙はあえてもたず、「失礼します」と社長室に入るや、すぐに言いました。

「きのう、副社長にご報告してきましたけれど、空冷はだめだと思います」

久米はカミナリが落ちてくるのを待ちました。しかし、本田はそっけなく答えました。

「そう思うなら水冷をやればいいじゃないか」

偉大な技術者、本田が折れた瞬間でした。

これ以上長居は無用と思った久米は、すばやくおじぎをして社長室を出ました。

それから、久米は部屋にいる技術者たちに言いました。

「おい、水冷だ！」

技術者たちの喜びの声が部屋に満ちました。空冷から水冷への明確な方針転換は今日のホンダの大成長を可能にしたともいえます。

藤沢は前夜、久米との食事のあと、旅館から本田に電話を入れ、水冷でやらせたらどうかと言い、なお空冷にこだわる本田に鋭く問いかけました。

「本田さん、あなたは、これから技術者として生きるんですか、社長として生きるんですか、どっちを取るんですか」

こんなずばりとした問いかけは、盟友藤沢武夫にしかできません。

本田宗一郎という人物は、これから全ホンダにとって偉大な技術の総本家として生きるのがよいのか、それともそれを捨て、全ホンダの社長として生きるのがよいのかというのです。後者として生きてほしいという藤沢の思いは、本田には即座にわかったはずです。

しかし、本田はすぐに答えませんでした。ほんの少し、心の整理をつける時間が本田にも必要でした。そして、個人的思いを断って、トップリーダーとしての最善の答えを出しました。

「おれは、社長として生きるべきだろうな」
藤沢はすかさず言いました。
「それなら水冷をやらせていいんですね」
本田は「そうだな」と答えました。

言うまでもなく本田は、世の中に偉大な貢献をした人です。すぐれたオートバイ、車をたくさんつくりました。

その貢献は、自愛の精神からも他愛の精神からも生まれますが、**大きな貢献のほとんどは、他愛の精神から生まれます。「世のため、人のため」ということです。**

本田は他愛の精神をたっぷりもっている人でした。外人バイヤーが肥溜めに落とした入れ歯を、自ら裸になってそこに降りて拾い上げ、消毒して、さらに、それを、さあ、きれいですよと自ら口にくわえて、笑わせてから、渡すとか、実に人間力に富んだ、心のきれいな、魅力的な人でした。でもそういう人でも、ときに自分の技術的信念にとらわれて、袋小路に入ってしまうことがあります。この空冷エンジンのときがそうでした。自愛、他愛でみれば、このときの本田は、自愛が勝っていたといえるでしょう。

本田の魅力を知り尽くしていた愛弟子の久米はこう語っています。

「本田さんはいつも『事実の前に社長も一般社員もない。平等である』と言っていましたが、あの頃は、向かうところ敵なしの勢いで進んでいましたから、その事実（空冷は無理、水冷が正しい選択）を認識してもらうのは本当に大変でした。みんなで全力を尽くして空冷エンジンをつくりあげました、その結果は、〝これ以上のものは不可能〟を示していました。その事実を、わからせてくれたのは藤沢さんです」

藤沢は、終生、本田にほれこみ、補佐した人で、ここでも最善の意思決定を本田になさしめました。しかし、その原動力は久米という気骨のある技術者の存在でした。久米はこの時点、勇気ある進言を貫いたみごとなフォロワーでした。

久米はこのあと、社運のかかったプロジェクトを本田に任され、仲間とともにぞんぶんに技術力を発揮し、73年、世界ではじめて、マスキー法という排ガス規制法の厳しい基準をクリアするCVCCエンジンを開発、販売しました。低燃費、低公害車として日米で高く評価され、この成功によってホンダは4輪車の世界でも「世界のホンダ」へと飛躍していったのです。

6 上司を活用する
事前報告で出張役員の講話を充実させた営業所長

「虎の威を借る狐」ということわざがありますが、上司を活用することは、それとは違います。狐には実力がなく、そのため虎にゴマをすり、お気に入りになって虎の庇護《ひご》のもと権勢をふるういやな人間を意味します。

リーダーとして実力を磨いても自分一人の力には限界がありますから、部下や上司の力を借りて大きな仕事を成しとげるのが、リーダーのあるべき姿です。

story-53

ある会社の大阪営業所長Sは上司を活用し、その力を借りて業績を伸ばしています。

その会社では、毎月各拠点で営業所全体会議を開きます。ねらいは前月の総括と、今月の売り上げ、活動目標の確認、達成への動機づけです。この営業所会議に毎月、役員が1人、輪番制で出席し、本社トップとしてのコメントをすることになっています。

役員全員が的確なコメントをしてくれるとは限りません。気の抜けたようなコメントをする役員、反対に叱咤《しった》激励ばかりの役員もいます。役員ですから、現場の営業所員は皆それなりの期待をもって話を聞くのですが、いつも素晴らしい講話とは限らず、かえって所員の士気をダウンさせてしまう役員さえいました。

Sは、一計を案じました。月の会議の前、出張役員が決まるとその人にまず電話をします。

「常務、来週の営業所の会議、ご多忙のところおいでいただけるとのことありがとうございます。よろしくお願いいたします。なお、大阪営業所の成績などにつきましては、状況報告も兼ねて、本日中にメールでお送りします。ご高覧のほどよろしくお願いいたします」

常務としてもせっかく行くのですから、訪問先の実情にあった話をした方がいいので、営業所の情報はありがたいわけです。メールには遠路の来訪への感謝の言葉のあと、「大阪営業所の概要・現状把握と今後の課題と対策」として、①～④が簡潔に書いてありました。

①大阪営業所の過去2年の月別売り上げ、利益推移表。それに関するSの分析コメント要約。
②前月の売り上げ、利益表。それに関するSの分析コメント要約。
③①②をふまえて営業所の課題とそれぞれへの対策（そこには全社活動方針との関係も触れられている）。
④今月の数字目標と重点活動目標。

これを読めば、役員は短時間で大阪営業所の現況と方向性が理解できます。その上でメールには「お願い」が続きます。

「以上の現状などをふまえ、次の3点をご講話に加えていただければ、大変ありがたいのですが、ご配慮いただきたくお願い申し上げます。何か、お気づきのことがございましたら、何なりとお申しつけください。

①先月のことでご評価いただきたいこと。

販売製品面ではCが本社に改良点を提案、コスト面ではMが営業所のコピー機の選定で貢献、営業成績では2年目のYとベテランのTがよく頑張ってくれたこと。新規開拓ではZが1件獲得。業務面ではKがサポートしてくれたこと。
②今月の重点活動目標の留意点は「正確」「スピード」であること。理由はこれこれ。
③本社の方針についてのお話と部下への激励、アドバイスなど。
当日、会議は9時スタートでございますので、30分前にお入りいただき、その際営業所の状況につき、あらためて説明させていただきます」

こうしたメールをS所長は毎月来訪役員に出しており、次のような効果をあげています。

役員は何を話すべきか焦点が定まり、所員にとって印象深い講話ができます。役員は自分の仕事をしやすくしてくれるSを評価します。また、講話の中で評価された所員は、その役員に好意をもつだけでなく、そんな細かいことまで役員に情報提供してくれているSの気配りに感謝します。本社役員と太いパイプをもつSに頼もしさを感じさせ、Sのリーダーシップの発揮をしやすくしています。

7 フォロワーシップ発揮のポイント
下手なタイプを分析すると

フォロワーシップがうまく発揮できない人には、およそ次のような3つのタイプがあります。

1つ目は、上司の批判が多すぎるリーダーです。代表的タイプは、自分の仕事がうまくいかない理由を、上司の仕事のやり方のまずさ、人柄の欠点、能力不足のせいにし、しかも、それについて自分の部下に同意を求めてしまう人です。

上司批判を聞かされる部下は、しかたなく、その場しのぎでうなずいたり、軽くあいづちを打ちますが、心の中では、こうした話が上司の耳にいつか達して、リーダーと上司の関係が悪化することを危ぶみ、翻って自分とリーダー、また、上司との人間関係、自分の仕事への悪影響を心配します。

部下は、リーダーを気の毒な人と同情しますが、リーダーへの信頼感を高めることはありません。逆に上司を少しでも信頼している部下の場合は、リーダーへの信頼感は損なわれます。

特に、上司批判の多いリーダーが、上司を信頼している部下に、腑に落ちない指示を出したとき、問題が起きます。

通常、部下はリーダーに意見を述べ、共によりよい案を見つける努力をし、リーダーに一理あるのであれば、たとえ、リーダーの意見に十分納得できなくても、タイミングをみて引き下がり、実行に移るのが普通です。

ところが、部下が自分の意見に自信があり、意見交換しても納得がいかない場合、しかも、上司と多少とも信頼関係があり、加えて、リーダーが上司批判の多い人物であれば、部下はそれとなく上司の確認を得ようとします。そこで、部下の意見、確認内容がリーダーの指示内容より当を得たものであれば、上司はリーダーに疑問をもち、器量を疑うことになります。あとはしだいにリーダーの立場は上下の中で浮いたものになり、いろいろと仕事への悪影響が出てしまいます。

こうした事態を避けるためには、リーダーは部下の前で上司批判を軽率に行わないことです。そして、リーダーは上司に謙虚に教えを受ける姿勢で、そのつど自分の感じる疑問は話し合い、誤解を解き、また、上司の立場を理解して、譲れることは譲ることです。

部下の立場からの対策は、リーダーが上司批判をはじめたときは、黙って少し話を聞いた上、タイミングよく、「リーダー、そういう話は今日はこのくらいにして」と同意も否定もせず、明るく別の話題に転換してしまうことです。

フォロワーシップの下手なタイプの2つ目は、上司の思い、考えを理解しないリーダーです。

上司の方針を聞き流し、マイペースで、眼前の仕事を可もなく不可もなくやるタイプで、責任を追及されないよう、文句を言われないよう仕事をこなしているリーダーです。上司の思い、考えを傾聴せず、理解せず、上司の意向に表面的に従うだけです。もちろん、上司はその姿勢をお見通しで、やがては上から見捨てられます。

3つ目は、上司へのホウレンソウ（報告、連絡、相談）が下手なリーダーです。意外に多いのが現実で、部下の目から見ても、あのホウレンソウのし方、中身、タイミングでは、とても上司の信頼は得られないよ、というリーダーがいます。上司が判断を迷うような、不備なホウレンソウで信頼を失っているリーダーがいるのは惜しいことです。

さて、フォロワーシップのうまいリーダーをさきの実例をふまえて分析すると、おおよそ次のようになります。

上司への礼儀をわきまえ、上司の目標、かかえている問題、悩み、上司が求めている部下像を理解し、上司の考えを身につけ、補佐し、疑問があれば意見を戦わせ、不備を正します。ただし、決定をみたらそれまでのいきさつは忘れ、一枚岩となって目標達成、問題解決にあたります。そして、指示されたことはすばやく実行し、途中経過も含めタイミングよくホウレンソウ、改善提案を行います。また、上司の出番をつくり、活用し、よいことは学び、見習い、ときに、上司の功労を心から評価します。

第7章

困難を突破する

1 支援する

本田技術研究所とエアバッグ開発

未知のプロジェクトの完成までにはいくつもの失敗、困難があります。それを乗りこえていく過程には、プロジェクト担当者の血のにじむような努力とともに、彼をさまざまな形で支えたリーダーたちの存在があります。

story-54

「安全は一番大事」――本田宗一郎の一言

小林三郎はスポーツカーの設計にあこがれて、本田技術研究所に入社しましたが、配属先は「第6研究室」・安全エアバッグでした。スポーツカーという夢ははかなく散って、小林のやる気は失せ、会社を辞めたいと思いました。

ある日、気持ちの沈んだ新人小林が研究室にいると、本田宗一郎が現れました。本田は緊張気味の小林に声をかけました。

「おい、お前、名前は何ていうんだ」

「小林です」

「そうか、何をやっているんだ」

「安全です」

「そうか、安全というのはな、お前、一番大事なんだぞ、しっかりやれ」

本田は笑いながら小林の肩をたたきました。小林はこの技術のカリスマの一言で、

「そうか、安全というのはやらなきゃいけないんだなあ」

と不思議に納得したのです。沈んだ気分は消え去って、やる気がモリモリわいてきました。

このとき以来16年、小林はエアバッグ開発を担当し、多くのトップ、先輩、仲間の支援、協力を得て、最後は開発責任者として国産初のエアバッグ開発を成しとげたのです。

経営者の「叱責と感謝」の言葉

それから数年後、研究所内の評価会で、経営陣への研究実績の発表を小林が担当することになりました。初の独自開発のエアバッグ製品、わかりやすく説明しようという思いから、順序よく、安全に関するニーズ、世界各社の開発状況から説明をはじめました。GM、メルセデスなどの開発状況を延々と述べたのです。聞いていた経営陣の1人が怒り出しました。よその会社のことばかり話して、いったいお前はどうするのか、ホンダはどうすべきかの話が出てこない。強い口調で、

「差し戻し、やり直し」

と言われました。重苦しい空気が流れ、とっさに、小林はクビを覚悟しました。が、

その次の瞬間、怒っていた経営者が、ふっと立ち上がり、

「だけど、お前のやってくれた、これまでの努力にはこのとおり感謝する」

と言って深々と一礼したのです。あっけに取られた小林は姿勢を正し、あわてて頭を下げました。

さまざまな運転状況で、かつ、多様な衝突の衝撃。それを受けた瞬間、膨らみ、乗員の身を守るとすぐに収縮し、乗員の動きを妨げないエアバッグに、不作動、誤作動は絶対に許されないわけで、その開発がいかに困難であるか、その経営者はよく理解していたのです。

自部署マネジャーからの叱責

小林は自部署のマネジャーに、「差し戻し」の報告をしました。とたんに、今度はマネジャーから叱責されました。

「相手がどんな偉いやつだか知らないが、おれたちが何カ月もかかって考えたことを、そんなことを言われて黙って帰ってくるやつがあるか。なぜ、その先の議論をしてこないんだ。そういうやる気のないやつは、もう、会社辞めろ」

上司からの「辞めろ」の叱責に小林はひどく落胆しました。しかし、すぐに2人の言葉のもつ意味に気づきました。

「そうか、2人が自分に言っていることは同じだ。仕事への取り組みは、人はどうあれ、自分がどう思い、どう行動すべきかを明確に突きつめていくことなんだ。自分の考えを堂々と披瀝してこそホンダの研究者、社員としてのあり方なんだ。わかったぞ」

小林は2人の言葉を励みにして、そこからまた頑張りました。

経営者からの励まし

さらに試行錯誤の数年が過ぎ、研究が基本システムから、ダミー人形を乗せた台車実験、次いで車両衝突実験になり、膨大なコストがかかりはじめました。およそ毎週1回、車1台はつぶさねばならず、1回の実験で装備品を含め数百万円が消えていきました。それを毎週繰り返していくのです。

小林は考えました。

――まいったな。自分が一生かかっても貯金できないような大金をどんどん使っている。ホンダの仲間たちは、車を1円でも安くつくる懸命な努力をし、また、売る方は1台1台を必死に売っている。おれは、申し訳が立つのか――

そんな折、また、1人のトップマネジメントが現場に現れました。

「お前どうしてそんなつまらなそうな顔してる、元気ないぞ」

小林は、金を食うばかりで、申し訳なくてと、つい弱音を吐きました。するとトップは言いました。

「そんなこと心配するな、お前の使う金くらいでホンダはつぶれない、どんどんつぶせ、その代わり絶対やめるな」

小林はこの言葉で勇気をもらいました。実は、トップは内心、金も心配でした。しかし、このエアバッグ開発が、安全を追求するという自動車文化、ホンダの将来にとって大きな価値があると、確かな思いがあったから小林を励ましたのです。

マネジャーからの中止命令

しかし、その後も成果はあがらず、苦難の道は続き、一時は10数人いたメンバーは4人にまで減らされていました。社内では、エアバッグの仕事は一番役立たずのプロジェクトという評判を立てられていました。

すでに開発責任者になっていた小林は、あるとき、マネジャーからプロジェクトをあきらめるようにと言われました。小林は絶句しました。

しかし、背後のドアの向こうで心配している部下たちの気配を感じた小林は、これで終わったら何年間にもわたるメンバーの苦労は報われないと思い、「難問解決の理論上の方法はありますから、やります」と言いました。

「だめだ。中止だ」

「いえ、絶対にやります。やり抜きます。こうすればできます」

と、押し問答は1時間も続きました。

小林の意気込みと技術的見込みに納得したマネジャーが言いました。

「よし、どうしてもやると言うなら、やれ。人と予算を増やす。その代わり、必ずものにしてくれ」

なんと、人と金を増やしてくれるとは、小林たちは何としても期待にこたえようと燃えました。マネジャーは中止話をわざと言い出し、小林らの意気込み、技術的見込みを確かめ、また、やる気を高めさせたのです。

経営者の命令

やがて、小林は機能的問題をほぼ解決し、信頼性を上げるために、NASA（米航空宇宙局）の技法を学びました。学んだことは、信頼性向上に王道はなく、目的に合致した1つひとつの機能、システムをつくり上げること、また、手法としては、1つの部品が不具合を起こすとシステムへの影響がどうなるかを分析するやり方でした。

これにより、ついに故障率を10万分の1にまで下げ、つまり、99・999％まで信頼性を向上させたのです。

ところが、会議で本田技術研究所の副社長であった川本信彦（後、ホンダ4代目社長）

は「もう1桁信頼性を上げなさい」と命じました。

10万台に1台故障が起きるのではいけないというのです。シックスナインの99・9999％、つまり、100万台に1台の信頼性を要求したのです。限りなくゼロに近い数字で、安全性のほぼ限界を目指せということです。小林らは頭をかかえました。しかし、この命令が小林たちの新しい挑戦目標となり、メンバーは全知を傾けていきました。


「全力を尽くせ。あとは神に祈れ」


そして、とうとう100万台に1台という故障率を達成できるようになりました。それでも小林は最後の自信がもてず、以前、レクチャーを受けたNASAの技術者にアドバイスを求めて電話をしました。

「理論と実験によってシックスナインを可能にした。でも不安だ」

相手は答えてくれました。

「コンフィデンス（信頼）には2種類ある。1つは統計的なコンフィデンス。もう1つはエモーショナル（情緒的）なものだ。エモーショナルなコンフィデンスを得たかったら、統計的なコンフィデンスで全力を尽くせ。そして、あとは神に祈れ」

小林らは全身全霊をかけて開発に取り組み、1987年春、国産初のホンダSRSエアバッグシステムを発表し、秋には、搭載車レジェンドを発売しました。エアバッグは、ワンショットデバイス（1度限りの装置）です。他の機能と違って動作を確かめてから売る品物ではありません。

この頃、小林は神経が過敏になっていました。入社以来16年の長い歳月をかけて研究開発したものがやっと市場に出たが、お客様のもとで、本当に必要な場面で設計通りに確実に作動してくれるだろうか。夜には悪夢を見ました。運転中にエアバッグが勝手に作動したり、クラッシュしても作動しなかったりする夢です。毎夜うなされ、汗びっしょりになりました。

お客様に感謝の言葉をもらう

その年の12月、小林が会議中、群馬県前橋市でエアバッグ搭載のレジェンドが衝突事故を起こしました。エアバッグは完璧に作動し、地元企業の経営者の体を守ったのです。連絡を受けた小林は会議室を飛び出し、そのお客様を訪ねました。

お客様は小林を見るなり、

「ああ、あなたが、エアバッグをつくってくれた人ですか。ありがとう」

と、満面の笑みで手を差し出しました。小林はその手を両手でいただくように握り返しました。その瞬間、まるで体中の血が逆流していくような強い感動が小林を襲いました。

16年にわたる小林、仲間、リーダー、経営トップたちの苦闘は、お客様の感謝の言葉で報われました。お客様は信頼の証として、ふたたびレジェンドを購入してくれました。その後、ホンダ販売店には、エアバッグのおかげで助かった人、また、その夫人から、「あなたが売ってくれた車で主人が無傷ですみました。ありがとうございます」という何百通もの感謝の手紙が届きました。

「16年の長きにわたって、また、反対もある中、小林さん、エアバッグ開発を支えたのは何でしたか」

ある人からの質問に対して、小林は次のように答えています。

「入社11年目にプロジェクトリーダーになりましたが、社長と対等だとか言われて、かっこいいので、この職をおりるのがいやでした。また、グループのメンバーへの責任も感じました。自分があきらめればそのメンバーも行き場所を失う、こういう思いは結構ありました。それに、時々、当時の社長の久米是志や役員も来るのです。特に久米さんは開発経過以外に、たとえば**『世の中の役に立つのか』と本質を常に聞いてくる人でした。そうすると、こちらも自分で本質を考える。『世界で年間10万人の自動車事故死亡者のうちの何人かを救えます』と答えました。そういう問答を通して、これはもう絶対にやりとげなきゃいけない、自分の仕事は気高いものだ、と思うようになっていきました。こ**

れはやはり絶対の推進力になりました」

部下が挑戦しているとき、リーダーはそれを支え、指導しなければなりません。そのやり方はリーダーにより、時により、部下によりいろいろあります。

久米の場合は、仕事の本質を常に問いかけました。

「それを成しとげたら何台売れるのかではなく、その製品をつくり出すことによってどれだけ人さまに喜んでもらえるか、貢献できるかが物事の基本です。エアバッグは命を守るもの、これほど重要なことはないと思います」

story-55

2 研究する

がけっぷちアサヒビール、起死回生の立役者松井康雄

奇跡の大躍進

みごとなリーダーシップは、集団が危機に陥ったときに、それを脱し、脱するばかりでなく、かつてない飛躍的成長を集団にもたらすものです。

アサヒビールは1949年、「大日本麦酒」が分割されてできた会社で、そのときのシェアは36・1％。その後、何種類もビールをつくり、販促に力を入れましたが毎年シェ

アを落とし続けました。資産を売り、指名解雇までして命脈を保つほどになり、85年、シェアは9・6％まで低下、4位のサントリーとの差はわずか0・8％という、がけっぷちに追いこまれていました。

ところが、そのアサヒが86年以来、大成長を遂げ、最盛期63・8％のシェアを誇ったキリンを抜いて、13年ほどで業界シェア第1位になったのです。奇跡の大躍進といわれました。

この躍進は多くの人々の知恵と努力から実現しました。

CI（コーポレート・アイデンティティ）を導入し、アサヒ社員の意識改革に功績のあった村井勉、あとを受け継ぎ、資金を集め莫大な生産設備投資を断行した樋口廣太郎らトップのすぐれたリーダーシップ、また、多数の研究、生産、マーケティング、営業の人々の活躍から奇跡が起きました。

中でも、アサヒ大躍進の起爆剤となったビール「コクキレビール（通称）」、「アサヒスーパードライ」の味を実質的に決め、マーケティングの指揮を執った人物、松井康雄の活躍は特筆すべきものがあります。このビールの開発なくしてはアサヒの奇跡はありませんでした。

味を変えることはビール会社にとって最大のリスクを伴うことで、それまで味の決定は生産サイドのプロの技術屋の担当でしたが、彼らが、当時、マーケティング部・副部長の松井に最終判断をゆだねたのです。

なぜ、そのようなことが起きたのでしょうか。

長年の凋落

1961年、松井が入社した際、製造部門の常務から「君たちは世界最高の品質のビールを売れることを幸せであると思いたまえ」と訓示がありました。

ところが、新人の1人が質問しました。

キリンビールが売れるのは、味が苦くビール通に受けるが、「アサヒビールは甘口だからたくさん飲めないと言われていますが、本当なのでしょうか」

常務は、気分を害したらしく、

「アサヒゴールド（当時のブランド名）は世界で一番進んだ味だから心配するな、売れない理由を商品の味や品質のせいにするな」

と一喝したのです。当時の社内では自社の製品は世界最高で、売れないのは営業部門の責任、という考えでした。

長年にわたり、アサヒビールが凋落《ちょうらく》し続けた原因は、サントリーがビールに進出した際に特約店を開放し販売ルートが荒らされたことなどが指摘されていますが、社内では、売れない理由を、生産部門は営業の売り方が悪いからだ、営業部門は味が悪いからだと主張し、お互いが足を引っ張りあっていました。しかし、凋落を止めることができる人は誰もいませんでした。

妻の叱責

1983年、大阪支店業務課長の松井は、強い危機感をもち、原点に帰って、アサヒビールが消費者の味覚にあっていないため売れないのではないかと考え、独学をはじめました。

その1つのきっかけは、その年の夏の日の、妻の叱責にありました。鎌倉の自宅に帰るたびにアサヒビールを飲んだのですが、何ともまずく、しかたなくウイスキーに変えました。自分の体調のせいくらいに松井は思ったのです。当時、アサヒのシェアは10％前後で松井の家の近くの酒屋では販売されておらず、妻がわざわざ隣の町まで買いに行っていました。妻はまずいという松井をけげんな顔で見ました。そんなことが2、3回続いたある日、とうとう妻が怒りました。

「あなた、どこのビールを飲んでまずいと言っているの。今日も、わざわざ隣町の酒屋さんまで行って買ってきたの。おいしく飲んでもらおうと思って、冷蔵庫でしっかり冷やしておいたわ。それにもかかわらず、まずいって、どういうこと。冗談じゃないわよ。

よその奥さんなら、２度とアサヒビールなんて買わないわよ」

「よその奥さんなら２度と買わない」と言われて、松井ははっと胸をつかれました。消費者の偽らざる声、凋落の真因ではないかと思ったからです。

当時、ビール会社では、一般消費者は「ビールの味はわからない」という誤った先入観をもっていました。ビールの味の「目隠しテスト」で、一般消費者がビールの銘柄を当てることがほとんどできなかったからでした。消費者はビールの味ではなく、世間の評判、広告宣伝などのイメージで購入銘柄を決めている、と考える人が多かったのです。

新しい味で流れを変える戦略

松井は勉強、研究して、翌年春、マーケティング戦略の構築の前提となる仮説を３つ立てました。要約はこうです。

①ビールはうまければ売れる。単なる商品イメージの問題ではない。味づくりが決め手である。

②ビールのマーケットシェアはヘビーユーザー（ビール通）によって決まる。彼らの好む味と商品イメージ形成が大切である。

③消費者の味覚は世代によって異なる。消費者世代の構成比が変化しつつある今がチャンスである。

そして、彼は次のように結論づけました。

――アサヒビールはキリンビールというガリバーをたたかなければ、業界での明るい展望はひらけない。それには、キリンとは一味違った新しい味の提案をして、その味を好んで飲む人たちがビール通と呼ばれる状態をつくる。これをマーケットビジョンとする。そのビジョンを達成する具体的プログラム、つまり、「味でビールの流れを変える」戦略が必要である――

当時、キリンは「ホップのきいた中味の濃いビール」という評価で売れていました。松井は、求められる味の研究、調査を進めました。食生活はうす味傾向に変化してきており、酒類では、臭みはあるがすっきり感のある焼酎が売れはじめていました。アメリカでもバーボンやウイスキーに代わって、ジンやウオツカなどの無色透明の飲料がはやりはじめており、雑味のないクリアな味がポイントと気づいたのです。

そこで、商品戦略としての新ビールのコンセプトを、「クリアな味」と定めました。それは苦味、臭み、ベトベト感、水っぽさの問題を解決し、かつ、雑味のない味を意味しました。

――オピニオンリーダーでもあるビール通の人々に、何杯飲んでも飽きがこないと評価される味にする。その味はクリアな味。「雑味のない洗練された風味」。売価はこれまでのビールと同じにする――

加えて情報戦略（広告、試飲など）、営業戦略（特約店などチャネルの人々の協力を得る活動を含む）を考えました。

新社長就任

本社側では、これより前、1982年3月、住友銀行（現、三井住友銀行）からきた村井勉が新社長に就任し、同年7月、彼の指導によって「経営理念と行動規範」が作成されました。

その要諦は、消費者のニーズと期待にこたえ、あらゆる点で同業他社をしのぐ商品（ビール）をつくること、お客様、取引先に信頼される心のこもったスピーディな言動を行うこと、にありました。

これを見た大阪支店の松井も「これで会社は必ずよくなるぞ」と思いました。

事実、村井の「経営理念と行動規範」は心ある人材のやる気をかきたて、生産、営業の部門の壁を打ち破るためにもそれなりの効果をもたらしました。さらに本社では、CIを導入し、第1次長期経営計画（5カ年計画）を策定し、TQC（全社的品質管理）をはじめました。

また、本社は、83年頃から新ビール開発に向けての試験醸造、84年秋頃からは5000人の嗜好、味覚調査も極秘に開始しました。このことは大阪の松井には知らされていませんでした。

松井には1つの大きな悩みがありました。戦略を立案しても実施権限がないことです。入社以来、いくつか提案をしましたが、提案内容を表彰されるばかりで、1度も実行されたことがなかったのです。責任あるポジションにつく必要性を松井は強く感じました。今や本社も会社再生をかけてCIによる大規模なマーケティング活動を開始することが確実視され、このチャンスに、構築した戦略を何とか自らの手で実行したかったのです。

そうでなければ、提案は採択されても、他人の実行では、戦略に徹底を欠き、成果は得られないことが、過去の経緯から、松井の目には明らかでした。このとき、戦略執行権限は、本社営業本部マーケティング部長の職にあり、現職は、松井より8歳年長の役員でした。この人を超えて、大阪支店次長になったばかりの松井が抜擢されることはありえないことでした。

大抜擢

1985年5月、意を決した松井は、大阪支店に視察に来た亀岡孝彰会長に直訴しました。かねて亀岡会長が来阪の折、松井はざっくばらんに大阪支店の状況などを話しており、今回も率直に松井は、アサヒ不振の原因は、本社のマーケティング戦略の不備にあること、また、自分の構築した戦略の概要を熱心に誠意をこめて話し、マーケティング部長をやらせてほしいと訴えたのです。危機感と焦燥感、使命感が彼に勇気を与え、大胆な行動をとらせました。

亀岡会長は村井社長に話し、7月、村井は松井の話を聞くようにと経営企画部長を大阪に派遣しました。

松井は経営環境、自分のマーケティング戦略を話し、CIにのっとった大攻勢のため、また、戦略を徹底し成果を得るため、自分にマーケティング部長をさせてほしいと頼みました。

企画部長は、松井のために奔走してくれ、8月、松井に営業本部マーケティング部・副部長の辞令が下りたのです。大抜擢でした。

松井は、最高の地位でない副部長の立場に少なからず不安を感じましたが、着任前に、村井社長にあいさつに行くと、

「辞令は副部長だが、マーケティングに関しては松井に全面的に任せるよう指示しておいたので、遠慮せず思うぞんぶんやりたまえ。期待しているよ」

と激励を受けました。大抜擢には嫉妬も多く、副部長就任は村井の配慮の人事でした。

松井は感謝と同時に責任の重さ、また、本当にやりとげられるか不安が頭をもたげました。しかし、不安は仕事に打ちこむことで払拭すると決心しました。

具体論で話す

マーケティング部長にあいさつに行くと、研究しておくようにと分厚い来年の計画書が渡されました。来年のマーケティング計画が作成ずみとは松井は初耳でした。これを無視し、自説を通そうとすればあつれきが生まれるのは確実です。ただし、よく読むと去年の戦略の焼き直しで、具体的戦略、戦術は決まっておらず、うまくやれば持論を通す余地は十分あると思いました。

その夜、旧知の営業担当専務に誘われ、松井は一杯飲みました。専務は松井のことを案じ、アドバイスをしました。

今回の抜擢は本社のいろんな人から反対が出た、松井がかねて本社の政策に批判的だったからだ。今までのやり方を全面否定して、自分の考え一筋でやろうとすれば、反発は必至で、部が分裂する。そうなれば、松井は本社にはいられなくなると語り、**「いいか、どんな良いことでも相手が聞く耳をもたない限りうまくいくわけがない。相手がユウ（君）の考えを受け入れる気になるようにもっていかなければダメだ」**

そのためには、1度本社のやり方を是認し、その上でいつの間にか松井の考えを実現するようにもっていけ、というのです。

松井は、おっしゃることはよくわかりますと言いながらも、「時間がないので、松井流で突き進む」と答えました。専務は笑いながら、どうしようもないアマノジャクめ、よく頭を冷やしてから本社に来いと、なお温かく助言してくれました。
帰りの新幹線の中で、専務のアドバイスはさすがに当を得ていることに気づきました。抽象論は感情的になりやすい、可能な限り具体論で話し合おうと松井は自分に言い聞かせました。

B4・7枚の演説原稿

それから松井は方法を考えました。結論は、相手のメンツも考慮した正面突破でした。1度、自分のマーケティング戦略の基本について全部員に話そう、案外、理解を得て、一気に進めるかもしれないと楽天的に考えたのです。そして、今後のビール戦略とマーケティング部の仕事の進め方の構想を練り上げ、最大のねらいである部員の掌握を考慮してB4・7枚の演説原稿を書き上げました。ポイントは次の点でした。

①作成ずみの次年度計画のうち妥当なものとそうでないものを明確に区別し、不要なものはカットする。

②最大の懸案事項の〝味の切り替え〟は、はじめから宣言しない。自社ビールの味の否定は、反発を買う可能性が大きいからである。味の問題は提起し、議論ができる状態にもっていくことを目指す。

③情報戦略に関しては、従来の広告訴求が、「どうしたらビールが売れるかよりも、

どうしたら広告が話題になるかという発想」であったが、それをあらためさせる提議を、反発を買わない形でする。
④営業戦略についてはようすを見る。
⑤部の運営については、グループリーダー会議を毎日朝8時30分から1時間実施すること、全体会議を毎月1日9時30分から12時まで開くこととする。
⑥部員の行動指針として部のモットーは、（イ）約束を守る、（ロ）クイックアクション・クイックレスポンス、（ハ）本音で自由なコミュニケーション、とする。
モットーは、部員は結束し、必ず成果をあげていこう、という松井の強い思いをこめたものでした。

グループリーダー会議に全力を傾注する

次は会議の開催です。松井は、マーケティング部長に全部員参加の会議開催の了解をもらうことにためらいがありました。いくら社長から松井に任せるよう指示が出ているにせよ、副部長の立場で全部自分に任せてくれという意味をもつ会議開催を求めることは、気が引けたのです。

しかし、無為に時間を過ごせません。思いきって松井は、部長に、今後のマーケティング部の運営につき、全部員の協力を得るための会議を開きたいと申し出ました。

すると、部長はいやな顔一つ見せず、即座にOKを出してくれました。部長は松井をバックアップする腹を決めており、この後も終始協力を続けてくれたのです。上司としてみごとな見識、対応であり、松井にとってはありがたいことでした。

その翌日、松井は自分の考えを約2時間以上にわたり一気に説明しました。終わって、数人の部員からは、方針を明示してくれてありがたいとの言葉がありましたが、他の大多数は戸惑っているようすでした。

毎日のグループリーダー会議に、松井は全力を傾注しました。プライベート以外のことは隠し事一切なしと決め、討議は全員平等、言いたいことを言えるようにしました。ただし、結論だけはすべて松井が決しました。原則、即断即決です。

部のモットー通り、具体的問題を話し合っていくと、たちまち強力な結束力が生まれてきました。松井はすぐれたリーダーシップを発揮したのです。

「でもやってみよう」

まもなく、松井は「商品力強化部長会」というインフォーマル会議があることを部長から知らされ、出席しました。メンバーには生産サイドの長老的存在の人も参加しており、実質的にきわめて重要な会議だったのです。

会議スタイルはフリートーキングスタイル、これまでのアサヒにはみられないものでした。趣旨は、ＣＩで決める新シンボルマークでビールラベルも一新する以上、ビールの味や品質もレベルアップするべきで、この際、職制を離れて自由に意見交換するというものでした。村井社長の導入したＣＩのたまもので、ここではじめて松井は、生産サイドが現商品の味、品質を否定していることを知り、驚き、かつ、喜びました。

チャンスとみた松井は会議の流れに乗って発言しました。

「ラベルを変える以上、味も絶対に変えるべきで、その味はクリアなビールです」

すぐに生産サイドの１人から、「松《ま》っちゃん、クリアなビールとはどんな味なの」と質問が出ました。松井はこれまで研究した例の戦略をふまえ、また、本社が行った５０００人の味覚調査結果も取り入れ、クリアなビールのイメージを熱く語りました。

すると、今度は生産担当最高責任者の常務取締役生産本部長が発言しました。

そういうビールをつくろうとすると、原材料はもとより、生産のはじめから終わりまで見直し、酵母も変えることになり、

「それは大変なことなんだよ」

と言うと、しばらく沈黙したのです。

松井は、次に常務から、だから「そんなビールはつくれない」という言葉が発せられるのを恐れました。そのときはどう対処しようかと松井が頭をフル回転させはじめたと

き、常務が、

「でもやってみよう」

と発言してくれたのです。松井のクリアなビールの味と戦略の説明は、生産サイドの責任者である常務の心をとらえたのです。松井は喜びをかみしめながら、このときはじめて経営会議メンバー（社長以下役員ら）の強烈な危機感を感じ取りました。

多様な要因が重なり、アサヒビールは大成功するのですが、後に松井自身は、このときの生産担当最高責任者の**「でもやってみよう」という決断が、「成功への道を歩む第一歩となったのだ」と高く評価しています。**

「君が決めたまえ」

マーケティング副部長・松井という、営業サイドの提案した商品コンセプトにもとづいて商品開発をしようということは、味の最終決定権は営業サイドに移ることを意味しました。

このあと、松井は、クリアという言葉には、人によっては水っぽいイメージがあることを知り、クリアを〝キレ〟という言葉に置き換え、さらに、キレだけでは、爽やか一方で、味が薄い印象があるので、〝コク〟という言葉を加えて「コクがあってキレがあるビール」という表現にして、生産サイドにも了解を得ました。

実際に新しいビールの味をつくり出すのは困難な作業です。簡単に言うと、まず、営業サイドは商品コンセプト、つまり味の着地点をいろいろな表現を使って説明し、それにもとづいて生産サイドが商品設計し、酵母を選び、試作品をつくります。関係者全員が試飲し、営業サイド、生産サイドが意見交換し、もっともコンセプトに近い味、苦味なら苦味、キレならキレを点数評価し、組み合わせを考え、試行錯誤を繰り返し、味をさぐっていくのです。

苦味1つとっても十人十色、人の感性によって違いがあります。

松井は、味覚はその人の生活習慣、食習慣、文化、培ってきた価値観の違いから生まれるものと考えました。

でも基準は消費者です。ビール通といわれる消費者がもっともうまいと感じてくれ、何杯も飲んでくれる味を追求するのです。

何回も試作し、試飲し、意見交換し、最後、3つに試作品は絞りこまれました。実務者、部長会メンバーで討議を重ね意見が出つくしましたが、まだ、決められません。会社の将来がかかっているからです。そのとき、生産サイドの例の常務（このときは人事・総務担当常務）が決定的なことを言いました。

「松井君、君のアイデアでつくったビールだ。どれが一番いいか、君が決めたまえ」

もちろん誰一人異論を唱えるものはいません。むしろ生産サイドの人々も好意をもって松井を見つめました。

瞬時、松井の胸に言い知れない感銘が去来しました。松井は、淡々と、再度試飲をし、自らの価値観、人格、五感を信じ、新ビールの味を決定しました。

深みのあるコクと爽やかなキレのある「コクキレビール」の味はこうして決まりました。

このビールがヒットし、アサヒの快進撃が開始され、次の「アサヒスーパードライ」の商品コンセプトやネーミングも松井がつくり、情報戦略、営業戦略を駆使して、大ヒット商品をつくりました。


彼は、あの夏の日から、**研究し結論を得ると、思い切って直訴し、提案し、部門の垣根を乗りこえ、ついにアサヒの大黒柱となる新商品開発を成しとげたのです。**松井は語っています。

「私の体験からみて、実際的知恵、具体的アイデアがなくては価値のある革命的戦略、商品は生まれません。また、組織の中で革命的なことを行うには、事なかれ主義ではできません。新ビールの開発過程では多くの協力も得ましたが、実にさまざまな反対がありました。リーダーは、それでも前を向いて行動するしかありません。和して同ぜず。**リーダーを支えるのは自分の会社をよくしたい、成長させたい、お客様に喜んでもらえる商品をつ**

くりたいという公正無私の心です」

3 挑戦する

南極点到達競争、アムンセンがスコットに勝てた理由

リーダーの優劣

チームが勝敗を争ったとき、**リーダーの力量の差が勝敗を左右する**例は、スポーツや事業の世界、また、冒険の世界でも多数みられ、リーダーシップに関する多くの教訓を学ぶことができます。

story-56

1911年、ノルウェーの極地探検家ロアール・アムンセンとイギリスの海軍大佐ロバート・スコットは、同時期に南極点（南緯90度地点）人類初到達を競いました。それぞれが国の名誉、自らの誇り、喜び、名声を賭けた、前人未踏、往復約3000キロの旅です。そこは雪氷が支配する極寒の世界、装備など現代とは比べものにならないほど粗末な時代のまさに命のかかった困難な旅です。

結果は、アムンセンが勝利し、敗れたスコット隊は、帰路、吹雪に襲われ、全隊員が死亡する悲劇となりました。

勝敗を分けたのはリーダーの優劣にあります。もちろん、天候の変化、その他の細か

い運、不運があるのは事実ですが、日時の多少の違いはあれ、両隊とも天候の悪化を受けています。また、天候はリーダーが選定した基地の場所、ルートによって違いが生まれたと考えられます。よって、この南極点競争に関しての運、不運は両隊にもほぼ等しくあったと考えることにします。

唯一、スコットにとって不運だったといえるのは、予定外にアムンセンが挑戦してきたため、よぶんなプレッシャー、ストレスを受けたという点かもしれませんが、挑戦を受けることによって、より以上のパワーをもらえた可能性もあります。また、難しいことですが、スコット隊はアムンセンからの挑戦状を無視して自分のペースで南極点を目指すこともできたのです。アムンセンの挑戦をスコット隊の悲劇の最大要因にするのは無理があるでしょう。

こうした前提で、リーダーの意思、動機、コミュニケーション、基地、行程、動力、食料などに関する方法論の差、すなわち、リーダーシップの差が勝敗を分けたことを述べてみたいと思います。

アムンセンは15歳から極地探検家を目指して心身を鍛え、勉学に励んだ人です。困難な北西航路の航海、また、南極大陸に上陸できなかったのですが、ベルギーの南極探検隊メンバーなどとして極地での経験を積んでいました。

今回も自ら望んだ南極点初到達でした。当初は北極点一番乗りを目指していたのですが、ピアリーという探検家に先をこされてしまい、ひそかに目的地を南極に変えて出航し、すでに2カ月前にロンドンを出航し南極を目指していたスコットに電報で「われ南極に向かう」と知らせました。

つまり、北極、南極探検はアムンセンにとっては少年時代からの強い意思、希望であり、それらは極地探検の徹底的研究をなさしめる原動力になっていました。

民間人で、メンバーと対等な感覚をもっていたアムンセンは、トップダウンとボトムアップの両方を使い分け、かつ、メンバーへの配慮、働きかけがすぐれ、計画、装備に関するアイデアなど徹底的に隊員に意見を求めました。

海軍士官のスコットの夢は海軍提督になることでした。南極点到達は王立地理学協会会長からの強い要請でした。つまり、スコットはその器量を見こまれて南極点到達隊長に就任したのです。

スコットは軍人で、隊員も軍人ですから、ほとんどはトップダウンによる意思決定でした。戦争と探検ではチームワークづくりは変えるべきですが、軍人スコットに探検家アムンセンのようなチームワークづくりを求めるのは難しいことだったと思われます。

基地の選定、デポ作戦

ロンドンからの大航海を経て、南極に到達したスコット隊（以下ス隊）は基地をロス島のマクマード湾内陸地に設営しました。伝統的にイギリス隊が基地にしていたところで、スコット自身も以前にこの地から南極点を目指した経験がありましたし、先輩の探検家シャクルトンはこの基地から1909年1月に南緯88度23分に到達という最南端記録をつくっていました。同地点までのルートはシャクルトンの記録があり、基地、ルート選択は当然のことと考えられました。その意味でス隊にとっては往路の88度23分までは既知のルートといえます。

アムンセン隊（以下ア隊）は、そこから東へ約600キロも離れたロス海のクジラ湾の大氷床の上、つまり氷の上に基地を設営しました。アムンセンは南氷洋の航行経験がありますが、南極そのものははじめての地でした。彼は文献、記録を徹底的に研究し、クジラ湾大氷床は、まったく動かない陸のような場所であると確信していました。しかも、スコットの基地より南極点には160キロも近いルートでした。

スコットはこうした場所があるかもしれないと考えましたが、亀裂の発生、動く恐れのある不安定な氷上は、2、3年も基地として使用することは危険であると、はじめから選定することを避けたのです。アムンセンの秀でた研究力、判断力による基地選定でした。

出発前、両隊は相手がどのような状態にあるか知りません。出発前の一番重要な準備はデポ（貯蔵庫）をつくることです。極点までの片道約1500キロの行程では大量の食料、燃料が必要で、それを1度にすべて運んで極点を目指すことは不可能です。あらかじめ途中にデポをつくっておき、そこを中継地点として極点を目指すのです。ス隊はデポ作戦時、天候の悪化により、人、馬が事故にあい、予定の南緯80度地点まで行けずに戻り、越冬して夏に出発のときを迎えます。

ア隊は3回に分けて82度の地点までデポをつくりました。ス隊の約3倍もの豊富な資材をデポしています。また、ア隊はデポの場所を見つけやすいように、手間ヒマをかけてデポへのルート上の一定の距離に雪塚をつくり、旗ざおをさして南進し、さらに要所のデポには左右900メートル間隔に10本ずつの旗ざおを立てました。つまりデポをはさんで東西18キロにわたって目印を設け、本番の進行時、絶対見落としがないように工夫したのです。ス隊はデポに旗などを立てただけのために、本番の進行時、見落としたのではないかと心配しました。アムンセンはまことに用意周到でした。

馬と犬

動力は、ス隊は馬を主力に、あとは雪上車（エンジンのついたソリ）、犬を使いました。しかし、本番の雪中行進に入ると雪上車はすぐにオーバーヒートでダウン、馬も飼料が不足し、寒さにやられて進行不能となり射殺しました。犬は途中で基地に戻る応援隊員のソリ用に使用して返し、結局すべての動力を失い、南緯83度35分からは人が食料などを積んだ重いソリを引っ張ることになったのです。

実は犬が一番有効な動力だったのですが、スコットは前回の南極探検の際、犬が病気になって役に立たなかったことや、うまく犬を制御することができなかった経験から、犬は極寒では無理と判断していたのです。病気の原因は、航海で赤道を通ったとき犬の食料が腐ったためだったらしいのですが、それをスコットは十分研究せず、犬は使いたくないと考えたようです。

ア隊の動力はすべて犬でした。アムンセンは犬ゾリの名手であり、かつての探検旅行の経験から極寒の地では犬が一番強く、有効な動力であると知っていました。犬を大切にし、しかも、犬の食料としてアザラシなどの現地調達もしました。さらに、アムンセンは100匹以上の犬を動力として使うばかりでなく、荷物が少なくなる帰路に必要な数を計算し、不要になる犬を往路で順次射殺して食料としてデポしました。非情な行為ですが、ア隊は全員が生きて帰るためにこれを行いました。そして、人引きソリのス隊とは比べられないほどはるかに速いスピードで南極点に向かって行進していきました。

ス隊は途中進めなくなった馬を射殺しましたが、隊員たちがその肉を食べたあとの余りは犬に与え、ほとんど食料としてデポしませんでした。デポしなかった本当の理由はわかりませんが、隊員の中に食料として帰路のためデポすべきだと思った者が必ずいたはずです。しかし、スコット隊長に言い出せなかったことは十分考えられます。

スコットは強い隊長で正義感もありましたが、怒りっぽく、「こんなに怒鳴る人は他にいなかった」と今回の南極行きの応援メンバーとして参加した隊員の1人が書き記しています。スコットは残念ながら十分衆知を集めることをしていなかったと思われます。

隊員への配慮

ア隊は最初の基地出発時から最後まで5人のメンバーでした。ついに人類初の極点に立ったとき、5人は感動して言葉少なに強い握手でお互いの健闘を称え合いました。ノルウェーの旗を立てる儀式のとき、アムンセンは、全隊員に声をかけ、5人でさおをもって旗を立てました。**命がけで苦闘してきた仲間への敬意、感謝の気持ちを示したのです。成功感を共有したのです。**

このあと、ア隊は、万が一にも極点を踏まずに帰ってしまう愚を避けるため、天測によって極点を割り出し、誤差の可能性より大きな範囲で極点を包囲（半径20キロ3方向を往復。1方向はすでに行進してきた道）しました。徹底的に、念には念を入れています。帰路に向かうときも、食料の点検など入念に何回も計算して余裕のあることを全員で確認しています。

ス隊ははじめ16人で出発し、途中で応援隊を順次帰還させながら極点隊を4人選ぶ予定でした。これまでの準備は食料、燃料、テント、スキーなどすべて4人分で計算してあったのです。スコットは迷ったあげくケガをした隊員1人を含めて5人で極点を目指すことに決めます。多くの隊員を極点に連れて行ってやりたいという温情のためとされていますが、これも決定的なミスジャッジでした。4人用テントに5人で寝て、昼間はソリを引いて行進です。精神的にもストレスのたまる状況になりました。

ア隊は3人用テントに2人で寝るという余裕がありました。隊員の心理面にもアムンセンは気配りがよくできたのです。

悲劇と歓喜

ス隊は苦闘の末、南極点に到達しましたが、そこにはすでにノルウェーの旗が立っていました。

アムンセンから2通の手紙が残されていました。1通はノルウェー国王あてで、この極点到達の経緯を認《したた》めたものです。もう1通はスコット隊長あてで、ノルウェー国王あての手紙を帰路に持参するよう依頼したものです。アムンセンは、自分たちが帰路、遭難して報告できなくなることも考えていたのです。

ア隊に遅れること34日、落胆の中、ス隊は、極点を確認して、再び人力でソリを引いて帰還する1500キロの過酷な旅を開始しました。

やがて、ス隊を悲劇が襲います。天候悪化と食料・燃料不足、体力の消耗や凍傷によって隊員の1人は死に、1人は自ら吹雪の中に出ていって命を絶ちました。

強い向かい風、零下40度の中、彼らは死力を尽くし、基地に一番近いデポまであと18キロのところでテントを張りました。残りの3人の気力、体力はすでに尽きていました。2人が隣で息を引き取る最中、スコットは最後の力をふりしぼって日記に自分たちの最後のようすを書き、また、故国の人々に数通の手紙を認めました。

スコットと隊員たちは、深い愛と恐るべき勇気、敢闘精神、超人的体力をもつ人々でした。南極点への往路は75日、帰路は最後のテントまで72日、計１４７日間も極寒の氷上を行進したのです。

彼らは、南極点初到達はなりませんでしたが、別の科学的使命を果たしていました。彼らの最後のテントの近くから、雪に埋もれた1台のソリが発見され、そこには数キロの岩石が積まれていました。科学調査のため地質学の標本として運び続けていたのです。イギリスの全国民は、亡骸《なきがら》と手紙とその志に涙を流しました。

スコットの死の2カ月前、１９１２年1月26日、ア隊は全員無事、基地に戻りました。早朝4時、基地の小屋の隊員全員が眠っているときでした。

最初に小屋の戸口にたどりついたアムンセンは、戸口に5人がそろうのを待ちました。「いっしょにそろって入らなければうそだった」。アムンセンの手記にある言葉です。共に苦難、危険を乗りこえてきた仲間に対する思いです。そして、そろって5人全員が基地の小屋に入っていきました。
「ただいま」
その声に、2段ベッドで寝ていた隊員たちは驚いて目を覚ましました。それから、「お帰りなさい」の歓喜に満ちた声が上下のベッドからわき起こりました。99日間の長い苦闘の旅でした。

4　智謀を尽くす

絶体絶命のホンダを救った藤沢武夫の智謀

日の出の勢い

リーダーは困難を避けて通れないものです。困難から逃げないことがリーダーの条件だともいえます。

困難もいろいろありますが、追いつめられる体験はリーダーを鍛え、会社の体質を強めます。

追いつめられる体験とは、この仕事をやりとげなければ、担当部門の存立が危うくなる、会社に莫大な損失を与える、会社が倒産の危機に陥るなどです。それゆえ、失敗は自分一人が苦しみを受けるだけではすまず、多くの人々を苦境に追いやる深刻な事態を招くものです。リーダーが全知、全能力をふりしぼり、かつ、苦しい役割を人々に背負ってもらわなければ突破不能な事態です。

story-57

ホンダの創業者は本田宗一郎と藤沢武夫です。資金手当て、販売、人事は藤沢が行い、天才技術者の本田は新製品開発を担当しました。

2人は修羅場にあい、藤沢が智謀を尽くして倒産寸前を切りぬけた話があります。

創業5年目の1952年に、ホンダはオートバイの国内業界第1位、世界第2位に大躍進しました。世界一のオートバイメーカーを目指そうと、2人の意気がますます上がっているとき、実は、危機がせまっていました。

当時、欧米の技術水準と比べ日本は10年から15年も遅れ、戦時中の古い設備では高性能の部品がつくれず、世界一になれないことは明らかでした。大発展を目指して、最新鋭の機械を米国から導入するため本田は渡米し、総額4億5000万円の機械を買いつけました。莫大な資金を投入して機械を設置し、一気に追いつくことを考えたのです。

ホンダの資本金は増資をしてもわずか1500万円のときです。

加えて、3つの工場を53年、54年に建設、稼働しました。先の機械と合わせて設備投資額は15億円にのぼりました。トヨタ、日産の設備投資が、まだ、年間5億円の当時です。

資本金を6000万円に増資し、54年の1月には東京株式市場に店頭登録を果たしました。

新機械導入、新工場の稼働により、53年の売り上げを77億3000万円、前年比、約3倍に伸ばしました。シェア約60%で、まさに表面上は日の出の勢いでした。

主力製品全滅

そして、1954年に大きな危機がやってきました。

実際は53年の後半から売り上げは落ちてきていました。54年にそれが加速したのです。

まず、自転車用補助エンジンのカブ号が売れ行き不振になりました。自転車は規格が不統一で、ホンダが取り付け不可能の自転車に対応した製品を、競合メーカーが発売したためでした。ついで新製品のスクーター・ジュノオもオーバーヒートが起きてクレームが発生し、さらにベンリィ号も音が高くて不人気、ドル箱のオートバイ、ドリーム号も225ccに排気量をアップしたのですが、トラブル続きで売れなくなりました。主力製品全滅で、売り上げはぱったり止まったのです。

目標月商20億円が5億円に落ち、さらには2億5000万円にダウンし、資金繰りが一挙に苦しくなりました。受け取りは現金、支払いは手形という時間差で資金の捻出をしていたため、売り上げが順調なときは潤沢な資金が手元にありましたが、今度は手形の決済に追われ、藤沢は頭をかかえました。

先の設備投資資金の手形の決済期日がせまってきます。

前年、ホンダには労働組合が発足し、労使にはまだ十分な信頼関係ができていない状態でした。大きな賃金アップ要求に、藤沢は会社の窮状を訴え、何とか協力を取り付けましたが、マスコミは、ホンダ危うしと書き立て、ますます売り上げの足を引っ張りました。

生産ストップ、改良、販売再開

藤沢は出力アップ前の200㏄のホンダドリームであれば売れると判断し、他の売れない新製品の生産をストップし、組合の協力を得て200㏄製品の緊急増産体制を敷きました。しかし、それが現金になり、支払いに回せるようになるまでには時間がかかります。藤沢は手形を落とせない悪夢を見て、連日、夜中に飛びおきました。

この間、本田も必死にまさに不眠不休で225㏄の改良に取り組んでいました。200㏄の緊急生産体制になってから約1週間後の朝、本田から、藤沢に電話がかかってきました。原因は、エンジン出力に対してキャブレター（気化器）の性能が不足していたからでした。

「もう大丈夫だ。おれはこれからすぐに小田原のキャブレターの工場に行くから、もう心配しなくていい」

その日の夜、ふたたび本田から「すべて解決した」と電話が入り、藤沢は本田の労をねぎらいました。そして、ただちに現場責任者に生産体制の組み直しを指示しました。今度は225㏄のキャブレター交換の作業をしつつ、スムーズに200㏄を減産に切り替えるのです。225㏄の方が性能的にすぐれており、改良に成功した以上、売れるからです。

生産体制の立て直しは容易なことではありません。混乱すれば生産効率は大きく落ち込み、すぐにマスコミがかぎつけ、ホンダは危機だと世間に言いふらされ、取引部品業者、取引先（自転車店など）が動揺する可能性がありました。

それを恐れた藤沢は資金手当ての依頼と、マスコミ対策を三菱銀行（現、三菱東京UFJ銀行）に頼みました。マスコミから、ホンダは大丈夫かと問われた場合は一言、心配はない、ホンダの生産調整を評価している、と言っていただきたいと強く依頼しました。

銀行の支店長・鈴木時太は、藤沢の言うことを信じ、言うとおりに対応しましょう、その代わり、絶対立ち直ってください、と藤沢に念を押しました。もし、ホンダが傾けば、鈴木の立場は危うくなります。鈴木も経営者藤沢と技術者本田の能力に賭けたのです。

支払い棚上げのお願い

危機を乗りきるために解決すべき大問題がまだありました。225ccのドリーム号のキャブレターの交換が、外注先に大きな迷惑をかけることでした。225ccは出荷できずに工場在庫として相当数あり、新規生産はしないため、すでに部品在庫が約7億円もありました。支払い手形は15億円あり、外注業者への支払いは不可能になっていたのです。すべてはホンダ側の失敗から起きていることです。不渡りを出せば会社はつぶれます。藤沢は実際に倒産する事態を想定して、その後の収拾策まで考え抜き、眠れない夜が続きました。

ついに、藤沢は追いつめられ、5月下旬、外注部品業者に、手形決済の先延ばしの依頼と部品の新規購入ストップを告げることにしました。

もし、ホンダ側の虫のいい要請を受け入れてもらえなければ、ホンダは倒産します。また、もし、この要請で外注業者の不満を残せば、今後、生産が回復したとき必要な部品は調達できず、これまた破綻につながります。

藤沢は外注業者を招き、会議を開いて、協力要請を必死に訴えました。その要点は次のようなものでした。

ホンダは創業以来の危機に陥り、支払いは困難で、生産調整をしています。在庫を一掃するまで、一部を除いて新規部品発注をストップします。その上、まことに申し訳ないが、一部債権をしばらく、資金繰りが安定するまで棚上げをお願いしたい。ドリーム号の改良、それによる売り上げの回復は間違いないので辛抱していただきたい。各社様の資金繰り、従業員の生活を考えると心が痛みます。まことに勝手な言い分ですが、何とぞご協力をお願いしたいのです。

不況の風が吹き、大手自動車メーカーにも賃上げストが続発している状況で、どの業者も資金繰りに四苦八苦していました。彼らの返事やいかに……。1人の外注業者は、私たちはホンダとともに苦しみを分かち合っていく覚悟であり、全面的に協力する、どうでしょうか、皆さん、と言ってくれたのです。

この発言によって一挙にホンダ支援の流れができました。藤沢は震えるような感動を受け、心から感謝に堪えないと深く頭を下げました。

労働組合との交渉　1人対1600人

本田は先のカブ号、ジュノオ号、ベンリィ号の改良を成功させて、市場の評価をたちまち回復させていきました。

藤沢は、銀行融資をさらに頼み、代金回収を徹底し、また輸入機械の一部を神戸製鋼所に売って現金をつくることで6月10日の手形を落とし、かろうじて倒産の危機を脱しました。

しかし、藤沢にはまだ難関が待っていました。労働組合との1954年の年末闘争です。組合も必死の思いでハンガーストライキをしていました。ボーナスの相場は2万円くらいです。

このとき、藤沢は組合要求よりはるかに下の「一律5000円」の回答を用意しました。会社側交渉委員がこの額では交渉はきわめて困難というほどでしたから、労働組合執行部は猛烈に反発するに決まっていました。ですが、経営的にみて藤沢にはどうしてもゆずれないのです。藤沢の胸には協力会社のこともありました。のちに『経営に終わりはない』（文藝春秋）の中で、

「私は、支払いを止められ、注文を大幅に減らされてもなお、協力メーカーがホンダに部品を供給してくれている実情からみて、そこの従業員がどのような正月をむかえるのかを考えると、どうしても組合要求には応じられなかった」と述べています。

藤沢は組合との交渉を1人で、しかも、組合執行部だけでなく組合員全員・1600人と行いたいと申し入れました。執行部は、自分たちは、組合員から委任されているから、じっくり話し合うためにも、少人数がいいと反対を唱えました。

そこで、本田宗一郎が間に入って組合を説得しました。

藤沢は考えたのです。5000円という金額は、たとえ、何とか妥結しても組合員の不満は残り、執行部は責められる。そうなれば、外部の手をかりず結成されて間もない

組合内にヒビが入り、先鋭的一方の組合になりかねない。それを自分の手で防ぐにはどうすればよいか。全組合員の前で経営者である自分が誠意をもって説明して承知してもらうことである。それができれば、執行部だけの責任にならないだろう、と考えたのです。

1600人の組合員を相手に、たった1人で団体交渉に入りました。この交渉が不調に終われば、4月から必死に打ってきた対策がすべて無に帰す心配があり、同時に組合員と経営者の信頼が失われる恐れもある大事な場面です。藤沢は緊張しました。

組合委員長は、「この5000円をどう思うか」と藤沢にせまりました。「私が言うのも何だが、問題にならない低額だ」と答えると「そうだろう」という声がいっせいに上がりました。藤沢はひと呼吸おくと、おおよそ次のように言いました。

「今、ホンダは資金繰りが苦しい。売り上げが対前年25%減だからだ。**これは私どもの責任だ。しかし、今、無理して出して、その結果、会社がつぶれたとなったら、一律5000円を今日ここで頑張らなかったことが、経営者として諸君に申し訳が立たないことになる。来春までには状況は好転させる。手は打ってある。**好転したら要求にこたえていきたい。外注の方にも協力をいただいている。社員の皆さん、どうぞわかってほしい」

たった1人で懸命に説く藤沢。当時、新入社員であった久米是志は、そのときの藤沢のようすを語っています。

「会場は、近くの体育館を借り、確かマイクもありませんでした。藤沢さんと組合員との細かいやりとりは覚えていませんが、最後に藤沢さんが、正面向かって立ち上がり、言いました。『どうしても要求額を出せと言うのであれば、会社は出せるんだ。しかしな、今これを出したら明日がないんだよ。こらえてくれ』と絞りだすような声でした。この一言で会場は水を打ったようにシーンとなった。すると、その静寂を破るようにパラパラと拍手がなり、やがて万雷の拍手となりました」

パラパラと拍手をしたのは会社側の人間ではありません。心うたれた人が思わず手をうったのです。組合員は経営状況と藤沢の思いを理解できました。そして、藤沢の、こらえてくれ、という提案をのんでくれたのです。

藤沢が退席するとき、また、大きな拍手が起こり、鳴り止みませんでした。組合員の間を抜け退場していく藤沢の背には、「頼むぞ、頼むぞ」という声援が繰り返し飛び、その声に藤沢も泣きました。

「何としてでも経営を立て直して、従業員にこたえなければならない」

藤沢はただの智謀の人ではなく、深い誠心をもった人でもありました。

T・Tレース宣言

実は藤沢はこれ以前、驚くべき手を打っていました。資金繰りに苦慮している

１９５４年３月、藤沢は本田に、モーターサイクルのオリンピックといわれるイギリス・マン島のＴ・Ｔ（ツーリスト・トロフィー）レースに出場するようもちかけたのです。Ｔ・Ｔレースは世界中の先進的オートバイメーカーが優勝を競い死力を尽くし戦っている場で、本田にとってはもともとあこがれのレースでした。こんなときにいいのか、と心配する本田に、藤沢は、いやこんなときだからこそ、社内外のムードを盛り上げる必要があります、と説きました。本田はうれしげにうなずきました。

藤沢は本田社長の名前で出場宣言文を書きました。

「（略）私の幼き頃よりの夢は、自分で製作した自動車で全世界の自動車競走の覇者となることであった。（略）今や世界はものすごいスピードで進歩しているのである。然し逆に、私年来の着想をもってすれば必ず勝てるという自信が昂然と湧き起り、持前の斗志がこのままでは許さなくなった。

絶対の自信を持てる生産態勢も完備した今、まさに好機到る！　明年こそはＴ・Ｔレースに出場せんとの決意をここに固めたのである。（略）

吾が本田技研は此の難事業を是非共完遂しなければならない。

日本の機械工業の眞價を問い、此れを全世界に誇示するまでにしなければならない。吾が本田技研の使命は日本産業の啓蒙にある。

ここに私の決意を披瀝し、Ｔ・Ｔレースに出場、優勝するために、精魂を傾けて創意

工夫に努力することを諸君と共に誓う。（略）」（本田技研工業ホームページより）

あふれるまでの本田と藤沢の高い理念、志でした。

資金繰りが最悪の最中に優勝をねらうとは途方もないことでした。

こうして藤沢は、6月10日の手形決済のくる前、6月のはじめ、本田をマン島レースの視察名目でイギリスに送り出しました。

本田の危機がいわれているけれど、社長が外遊に出るくらいなら大丈夫であろう、という印象を社員、株主、取引先、ユーザーなどに与えるためでした。これらのムードづくりが、藤沢の内外の困難な交渉ごとにどれくらい役立ったか測るすべはありませんが、好影響を与えたこと、少なくとも社員の気持ちを奮い立たせることに大きな効果があったことは間違いありません。

1カ月に及ぶヨーロッパ視察旅行を終えて本田は羽田に戻ってきました。藤沢が本田を迎えたとき、あいさつもそこそこに本田が藤沢に発した言葉は、

「（会社は）どうだった」

でした。

藤沢は大きな笑みを浮かべて、答えました。

「もう大丈夫、この会社は絶対つぶれないから安心してくれ」

そのとたん純粋な本田は、人目もはばからずぽろぽろと涙を流しました。

ついでながら、5年後の59年、マン島レースにホンダは初出場で125㏄クラスで6位入賞し、その2年後の61年には125㏄、250㏄の両クラスで1位から5位までを独占して〝完全優勝〟を果たし、世界中に日本の名車ホンダの存在を知らしめました。宣伝効果は絶大でした。

このあとにもホンダは何度か危機にあいましたが、そのたび、藤沢は必死に知恵を働かせ、人々に困難な荷物を共に背負ってもらい、これらを突破していきました。

5 改革を断行する
松田昌士の「国鉄分割民営化」奮闘史

膨大な借金と余剰人員

人員整理など、痛みを伴う改革の厳しさはどの企業でも同じです。リーダーに求められることは身を削りながらも改革を成しとげようとする信念のリーダーシップです。

story-58

国鉄（日本国有鉄道）が分割民営化されたのは1987年。新生JRになって23年を経た今日、赤字体質を脱し、JR6社のうち4社が黒字体質になれたことは国家的レベル（たとえば、税収のアップ、提供されるサービスの向上、顧客満足や従業員のモラールの向上など）からみて非常に大きな成功といえます。

分割民営化は、社内外の既得権益者の猛烈な抵抗と戦い、断行されたものです。

この成功の主要因のうち注目すべきは、現場第一線の若手職員たちの活躍で、その代表的人物の1人は、後にJR東日本（東日本旅客鉄道）の社長になった松田昌士《まさたけ》（現、相談役）です。

苦心のJR誕生まで、彼がいかなるリーダーシップを発揮したかを見てみましょう。

国鉄は戦後、政府が100％出資する公共企業体となり、旅客、貨物運送などを事業展開していました。しかし、1960年代後半から70年代のはじめにかけて、自動車、航空機、内航海運の発達による競争の激化でシェアを落とし、一方、公共性のためにローカル新線敷設に莫大な資金を使い、膨大な債務、大余剰人員をかかえて、赤字体質となり、それは累積していきました。

当時の国鉄は、民間ではあたりまえの顧客志向、利益志向、自主自立の経営感覚がまったく欠如していました。赤字からの脱却のため6回の再建計画が策定されましたが、すべて失敗に終わりました。

痛みを伴う改革はせず、運賃値上げに頼ったからです。生産性向上運動に対して、労働組合は不当労働行為だと主張し、追及を恐れた国鉄総裁は責任を現場管理者になすりつけました。

組合員は増長し、職場で管理職をつるし上げ、命令を聞かず、また、スト権を得るため、国民の迷惑も考えず、8日間連続でストを行うという状況でした。たるみ切った体質の象徴の1つには、給料日には仕事をしない職場まで少なからずあったのです。

赤字ゆえ、職員に賃上げはなく、管理者は賃金カットされ、職員のモラールはダウン、労働運動は先鋭化し、あいそをつかした職員は辞め、まさに出口のない、負のサイクルが回っていました。

松田は、国鉄内部の深刻なモラールダウン、経営の悪化に強い危機感を抱いていた若手の課長の1人でした。

若手職員の活躍

松田は、入社して間もない職員から切実な問いを投げかけられました。

「このままで国鉄は、10年先、20年先はどうなるのですか。われわれに未来はあるのですか。松田さん、教えてください」

一方、松田は上司たちの正直な気持ちも聞きました。

「おれはあと1、2年で無事に定年退職だ。難しいことを言わないでほしいんだよ。ごちゃごちゃするのが一番困るよ」

上と下からの悩みがぶつかり、その合流する地点に松田は立っていました。松田も悩みましたが、出した答えは明快でした。

「明日を夢見て入ってきた将来ある若い部下たちを放っておけませんでした。兄貴分と思って悩みを打ち明け頼ってくれている。その相手を前に、逃げることはできません。**流れに身を任せることは考えませんでした。**当時は分割民営化など総裁以下幹部、労組も反対でした。でも、やるだけやって戦い、そして、敗れて、去る、と覚悟を決めました。しかし、一矢は報いて、それによって必ず何か新しい方向が出てくると思いました」

現場はサボタージュが常態化し、現場長が「窓ガラスをふけ」と言うと、「右からふくのか、左からふくのか」と言い、押し問答の末、乾いた布でふいたので、「きれいになっていない」と注意すると、「水をつけろとは言われていない」というようなありさまでした。

当時、職員局の能力開発課長と調査役を兼務していた松田は特にひどい現場に乗りこんで、「点呼に返事しないものは、無断欠勤と見なしていい」と現場長に指示し、規律の徹底を図りました。

トップは保身に固まっていました。たとえば、松田らが国鉄総裁に、現場の混乱を必死に説明したにもかかわらず、総裁は国会で「現場はだんだんよくなっていると報告を受けている」とウソの答弁をする始末でした。

やむをえずこの実情を松田らは、自民党議員に話しました。議員は驚いて研究会をつくり、調査の上、7カ月後、条件つき分割民営化の答申書を出しました。その直後、ほぼ時を同じくして土光敏夫会長率いる臨時行政調査会から「分割民営化」の答申が出されました。1982年7月末のことです。

「民営化」に「分割」を加えることは絶対必要なことでした。巨大な赤字体質の国鉄を、地域性、経営規模、管理範囲も考慮せず、ただ民営化するだけでは改革が進まないことは明白でした。

しかし、答申にもかかわらず、総裁以下首脳陣、労働組合も分割民営化には絶対反対でした。表向きの理由は「分割したら列車は動かない」「事故が多発する」ということでした。実情は既得権を守りたい、痛みを伴うことはいやだったのです。

翌83年2月、松田は経営計画室の計画主幹になりました。

松田ら若手グループは上層部には内密で、分割民営化方法を必死で勉強しました。私鉄のデータや代表的民間会社の財務諸表の収集分析、会社法など、民間企業の経営法を勉強したのです。分割後の地域会社のトップになったつもりで、現状の半分、あるいは3分の1の人員での経営の可能性も検討しました。

その一方で、松田は国鉄の実情を外部に知ってもらうため、資料、データを、求めに応じてクビを覚悟で提供しました。経営陣の国会答弁は真実とは限らなかったので、世論に訴えようとしたのです。

辞表提出を思いとどまる

1983年6月、中曽根康弘総理は、「国鉄の分割民営化」答申にもとづいて「国鉄再建監理委員会」を発足させました。経営計画室所属の松田らはこれに協力する立場です。

上層部は分割民営化にあくまで反対でしたが、松田らは再建監理委員会に徹底的に協力していこうと腹を決めました。自分たちの未来は分割民営化以外にないと信じたからです。

上層部は、分割を説く委員会と鋭く対立し、必要なデータを出すことを妨害しました。松田は上層部と大論争をし、データを出し続け、他方、内密に民営化の勉強も進めていきました。普通の民間会社では考えられない大きな政治的圧力を受けながらの改革への挑戦でした。

同年12月、分割民営化推進の立場に立つ仁杉巌総裁が就任しました。おかげで、松田らは総裁に隠すことなく勉強、研究ができたのですが、なお上層部のほとんどは分割民営化に反対で、しかも、その力は強く、民営化の勉強はやはりひそかに行うしかありませんでした。

再建監理委員会には各省庁から事務局スタッフが集まっていました。彼らは出身省庁の意向を大事に出席していましたが、審議が進むにつれ出身省庁の意向に関係なく、国鉄は改革しなければならないという認識をもつようになっていきました。

この意識の変化は、「委員の方々の『何としても国鉄改革をやりとげなければならない』という無私の情熱に、スタッフたちも心打たれたからだと思う」と松田は述べています。もちろん松田らの働きかけがあったからです。

ところが、仁杉総裁が、翌84年6月に日本記者クラブで「分割民営化」を視野に入れていると発言すると、国鉄幹部はいっせいに反発し緊急役員会を開き、その是非を議論するということになりました。

松田は急いで総裁室に行き、どんなに圧力がかかっても絶対に前言を翻さず、分割民営化方針を維持するよう進言し、力をこめて総裁を励ましました。

「絶対に、前言を翻さないでください。分割民営化の方向を維持してください。国鉄を再建するにはそれ以外の方法はないのですから。総裁は独りではありません。われわれプランニング・グループはみんな総裁についていています」

仁杉総裁は「わかった」とその場では答えたのですが、結局、松田らの経営計画室に本来相談すべき重要事項にもかかわらず、前言を翻したのです。

最高責任者の意思が変えられるほどの力が働くのです。これをみても分割民営化反対派の勢力がいかに強力だったかがわかります。

松田はひどく落胆し、その日のうちに翌日付けの辞表を書きました。夜10時頃、辞表提出のことについて松田は改革派の先輩らに電話しました。

「待て、早まるな、まだこっちが負けと決まったわけではない、辞めないでまた頑張ろうじゃないか」と慰留されました。松田は辞表提出を思いとどまりました。

「若い職員のためにも頑張らねばならない。**クビになったわけじゃない。まだ、頑張れるのに自分から負けを宣言して、戦いの場から退場するなど愚かなことだ**」

逆境の中、彼らは支え合っていました。この先輩らの助言がなければ松田は辞めていたかもしれません。そうすれば国鉄改革はもっと遅れたでしょう。

イバラの道を共に進む

総裁の前言撤回でプランニング・グループは分割民営化の勉強、研究を本社の中でできなくなり、金を出し合って、古い寮などを借りて外でこっそり勉強を続けました。

松田らは、味方を増やそうとひそかに何人かの現場長を集め、分割民営化の必要を説きました。

彼らからは、話はよくわかるが、本当に分割民営化で鉄道の再生は可能なのかと疑問が出ました。

松田は、正直言ってわからない、その成功の確率もまったく不明だ、ただし、今のままでは国鉄は間違いなく破綻し、皆も職を失うと述べ、

「この道を選ぶ以外に、鉄道が生き残る道はないと思う」と何度も訴えたのです。現場長たちは、鉄道がなくなるのも、職を失うのもいやだ、よって改革のイバラの道を共に進むと、応じてくれました。こうした会合は数え切れないくらいもちました。

反対論にも松田らはていねいに答えていきました。その際、特に安全運行などに関する技術的問題には、専門知識のある若手の技術者たちが大きな力を貸してくれました。

松田らはこうした地道な努力によって、少しずつ賛同者を増やしていきました。

しかし、翌1985年3月、松田は反対派によって北海道に飛ばされました。改革グループの解体が行われたのです。それを阻止せず、守旧派の意に従った総裁の仁杉に松田は面会しました。

松田は怒りを抑え、丁重な言い回しをしながら、次のことをはっきり伝えました。

――自分は、総裁が分割民営化を撤回したとき辞表を書きましたが、思いとどまりました。金輪際《こんりんざい》、辞表は書かない、国鉄を辞めるときはクビになるときだと決めたのです。あきらめるのはまだ早いと自分を励まし続けて今日まできました。それゆえ、今回も辞めずに北海道に行きます――

そして、問うように、言ったのです。

「ただし、総裁、あなたはこの人事でダイナマイトに火をつけたということをわかっていらっしゃいますか」

仁杉は「わかっている」と答えるのみでした。仁杉は大改革を担う胆力に欠けていました。ダイナマイトとは松田ら20名の若手改革派、それを支えるあらゆる人々を意味していました。

本社は松田の人事に口を挟みました。それは札幌鉄道管理局長のポストを与えるな、ということでした。そのときの北海道総局長は大森義弘でした。彼は松田のため、勝手に副総局長のポストを新設してくれました。

左遷させられた身。しかし、感傷に浸る暇はありません。北海道異動を、松田は前向きに1つのチャンスと考えました。これ以上、本社が干渉してくることはありません。この時間、勉強し、研究しようと考えました。

自らの手で経営体力の弱い北海道の国鉄を再生できれば、国鉄全体の分割民営化の進むべき道をつかめる、これまで、分割民営化をにらんでコツコツやってきた仲間との勉強を実際に役立てられると考えました。

松田は1カ月半ほどかけて道内全線の各駅をローカル線に乗って見て回りました。旅館でつくってもらった昼食の握り飯を、列車の中で食べながら行くわびしい旅でした。

この視察を通して、お客様の乗り降り、駅の設備、職員の状況などを見聞きして、大きなムダ、サービスの悪さを見つけました。松田はコスト削減、収入増、職員のやる気向上、サービス向上のための施策を次々に提案しました。その成果から北海道の赤字は相当程度すぐに減らせるし、このやり方を国鉄全体に応用すれば分割民営化を成功させうるという確信を得ました。

ある日、松田が本社に出向いたときのことです。以前の仲間の1人を見かけ、「いや、久しぶりだな。元気にしているか」と明るく声をかけました。松田の顔を見て驚いた知人は松田の上着の袖を引っ張るようにして階段の下に連れて行き、

「悪いけど、君と話しているのを上の人間に見られたら何が起こるかわからない。近づかないでほしい」

そう言って、逃げるように松田の前から消えました。

本社のトップからにらまれた自分には、口をきくことすらはばかられるというのか。なんという心の弱さよと思いながらも、悔しさと孤独感、胸が締め付けられるような寂しさに松田は襲われました。

この当時、松田に、「思い切って何でもやればいい、骨は全部拾ってやる」と言ってくれたのは、旭川ターミナルビル社長の重森直樹（後、札幌駅ビルエスタ社長）だけでした。

改革派の登用

松田が北海道にいる間に、仁杉総裁は更迭され、分割民営化に理解のある杉浦喬也が総裁に就任しました。この人事を総理に行わせしめたのは、再建監理委員会委員長の亀井正夫（住友電気工業会長）でした。亀井は中曽根総理に人事刷新をもとめ、せまりました。

――国鉄経営陣の人事が刷新されなければ、委員会がいかによい答申を書いても、答申は実施されない。実施されない答申なら私は書かない。だから総理が人事の刷新をしてくれないならば、代わりに私が辞表を提出する――

これらを機に、時機を見ていた総理が人事刷新に動き、国鉄内部の分割民営化反対派幹部は一掃されました。電光石火のすばやさでした。

しかし、改革派が、主要ポストを握らなければ改革は進みません。事は急を要します。守旧派も新人事に関し、急いで杉浦総裁に自分たちに都合のいい提案をしてくる可能性が高いのです。

東京で頑張っていた改革派はすばやく人事案をつくりましたが、それを杉浦総裁に果断に進言、説得できる人物がいませんでした。彼らが頼りにしたのは松田でした。以前、松田は運輸省に出向し、運輸省課長だった杉浦のもとで働いたことがあり、旧知の松田が働きかけることが改革派は最適と判断しました。

電話を受けた松田は、その夜、北海道から急遽、最終便で東京に入り、翌日、秘密裏に杉浦総裁の私邸を訪ねました。

「総裁、私が推薦する人物を秘書役にしていただきたい。大塚陸毅《むつたけ》（現、ＪＲ東日本会長）です。今後のことは彼と話してください。大塚は信頼すべき男です。『大塚などよくご存じですね』と言われたら、『いや、よく知っている』と答えてください。総裁は堂々と馬に乗っていてください。守旧派から推薦する人物は登用しないでください」

これで秘書役は、本社経理局で調査役を務めていた42歳の大塚に決まりました。松田はこう言っています。

「大塚は苦しかったと思いますが、みごと期待にこたえてよくやってくれました」

これにより、守旧派から杉浦に対しひそかに提示されていた人事案は退けられました。間一髪の成功でした。

まもなく再建監理委員会は最終答申を総理に提出しました。そこには国鉄を６つに分割すること、余剰人員対策、長期債務の処理策、引き継ぎ資産などに関する具体的指針が明示されていました。

杉浦総裁就任の５カ月後、松田に本社経営計画室への異動命令が下り、松田は再建実施推進本部事務局長に就任しました。

1年余りの日々

分割民営化までに残された時間はわずか1年余り、解決すべき問題は山積していました。杉浦総裁を中心に松田らは信頼するメンバーとともに、1つひとつ、協議して打つべき手を決めていきました。その内容は再建監理委員会に毎日のように伝えられました。再建監理委員会は最終答申を出したあとも解散せず、答申事項が遺漏《いろう》なく実施されていくか監視する役割を果たしていたのです。委員たちの強い使命感でした。松田らは委員会と緊密に連絡をとり、細部をつめていきました。

こうして分割民営化への準備は着々と進められ、労働組合も方針を転換して分割民営化を支持し、組合員である職員の意識も変わっていき、改革は内側からも大きく前進していきました。

民営化まで残り3カ月くらいになると、6社の各準備室も多忙で本社から応援が出ていきました。本社の準備室の人数は不足し、松田たちはいくつもの業務を必死に兼務し、毎日わずかな睡眠で分割民営化のために働きました。

職員27万7000人のうち新会社に就職できたのは20万1000人、7万6000人は希望退職を募り、斡旋《あっせん》などにより政府機関、民間会社に順次再就職していきました。

少なくとも管理局長以上の人間、年齢的には50代以上は原則として新会社に移らず、全員が退職しました。松田はこう言っています。

「これだけ多くの経営陣、幹部社員がきちんと責任をとったという改革は、まずないのではないか。振り返って、当時の国鉄上層部は非常に潔い身の処し方をした。上層部がそのように身を処してくれたから、中堅、若手の職員たちも、それぞれの思いはありながらも、人事異動に従ってくれたのだと思う」

多くの痛みを伴いながら、改革は断行されていきました。

おそらく、リーダーの非情が許されるときは、最大多数の最大幸福と少数者の幸福とが二律背反し、時間内にどうしてもこれを調和させえず、第三の道もなく、他の資源を用いてもなお少数者を生かす余地がないときに限ります。

1987年4月1日、国鉄はJRとしてスタートしました。

松田は言っています。

「改革を進めるリーダーは、直截《ちょくせつ》に進むことです。ただし、間違うこともある。そのとき、自分の方針に拘泥しないで、勇気をもって撤退する。その両方を備えた人が改革リーダーになれます」

松田は明治のはじめ北海道に移住した開拓者の3代目で、彼の座右の銘は「拓《ひらく》」です。札幌農学校（北海道大学の前身）のクラーク博士は「ボーイズ・ビー・アンビシャス＝少年よ、大志を抱け」と名文句を残しましたが、その言葉の意味を松田は解説しています。

「クラーク博士が学生たちに伝えたかったのは、若者たちよ、額に汗し、情熱を傾けてこの荒野を耕し、北海道開拓の先駆者たれ、ということだったと受け止めています」

「私は、何か困難にぶつかる度に、この『拓』という言葉を思い起こして、自分の気持ちを奮い立たせてきました」

福島県白河市には広大なJR東日本総合研修センターがあります。その玄関に向かって左側、石碑には松田の揮毫《きごう》による「拓」が刻まれています。

「これからの若い社員たちにも、自ら汗を流して努力して、鉄道の未来を切り拓いてほしい」と願う、松田の贈る言葉でもあります。

松田の成功要因は、次のように整理することができます。

①「鉄道再生」を願う職員の情熱と支持を得たこと。
②分割民営化のための具体的勉強を、仲間とともにたゆまず行ったこと。
③反対派の強大な政治的圧力に最後まで屈しなかったこと。
④同志の支援を受け、支え合い、チャンスに、果敢に行動したこと。
⑤現場長などの賛同者を得て、反対者にも若手技術者の力を得て説明したこと。
⑥左遷もチャンスととらえ、研究し、分割民営化実施の際の成功のヒントを得たこと。
⑦再建監理委員会委員の強い使命感に支えられたこと。

⑧総理や政治家の強いリーダーシップに支えられたこと。
⑨国鉄総裁の協力を得たこと。
⑩官僚、組合の協力、国民の支持を得たこと。

これらが複合的に絡みあって成功をもたらしたのですが、それらを絶えずつなぎ合わせ、より合わせ、大きなうねりとした源は、若いリーダー松田らが、猛烈な危機感をもち、鉄道の再生が、仲間と自分の生きる道、大きくは国家への貢献の道と固く信じたからです。

あとがき

あるとき、研修で松下幸之助の生き方、リーダーシップの発揮のし方などを研究したあと、Aという受講者から質問を受けました。

「松下さんの素晴らしさはわかりました。でも、これらのことは、結局、松下幸之助さんだからできたこと、成功したことですよね」

私は答えました。

「いい質問ですね。ところで、今のAさんからの質問に、松下さんだったら、どのように答えるでしょうか。他のみんなもちょっと考えてみてください」

まもなく、Bが言いました。

「Aさんの気持ちはわかるけど、松下さんだったら、『努力したら成功するよ』と答えるのじゃないか、と思います」

多くの人が同意している空気が流れました。私はうなずき、「たぶんそうだろうと私も思います」と言いました。

それから、「これはあくまで私の想像ですが、たぶん、松下さんだったら次のようなことを言ってくれるのではないでしょうか」と話しました。

「私（＝松下幸之助）だからできたというAさんの指摘は、科学的に正しいでしょう。私とAさんとは親も兄弟も、育った生活環境も、時代精神も、遺伝子（DNA）も、出会った人も、経験したことも、学んだ学校も全部違うからです。だから、その意味で、〝これらのことは、松下だからできた〟という指摘は正しいでしょう。私はAさんにはなれず、Aさんも私にはなれません。

ただし、私が気になることは、Aさんの言葉の裏に込められている、『だから、私はいくら松下を学んでも、できないし、私は松下のようには成功しない』という一種のあきらめに似た気持ちです。これは残念なことです。

Aさん、何も私のように、私のような成功を目指す必要はないでしょう。それは、今申し上げたような理由から不可能だからです。私は私らしく成功したにすぎません。Aさんは Aさんらしく、必ず成功し、幸福になれます。努力しさえすれば。

今日の私は教材です。お願いしたいのは、あなたの成功のため、教材のうち使える部分があるはずだから生かして、使ってほしいということです。この世に同じ人生はありませんが、似たようなことは起こります。誰もが、自分らしく生きて自分らしく幸福になる。それは誰の人生にも可能なはずです。自分がなれる最高のリーダー像を追求してください」

最後になりましたが、日本経済新聞出版社取締役・小林俊太さんと同執行役員・堀内剛さんに大変お世話になりました。謹んでお礼申し上げます。

主な引用、参考文献

「ぼくでも社長が務まった」　山下俊彦　東洋経済新報社
「敬天愛人」　稲盛和夫　PHP研究所
「稲盛和夫のガキの自叙伝」　稲盛和夫　日経ビジネス人文庫
「REFLECTIONS OF OUR CREDO」　ジョンソン・エンド・ジョンソン
「約束された成長」　岩淵明男　出版文化社
「日経ベンチャー　1986年10月号」　日経BP社
「経営はロマンだ！」　小倉昌男　日経ビジネス人文庫
「小倉昌男　経営学」　小倉昌男　日経BP社
「『無分別』のすすめ」　久米是志　岩波アクティブ新書
「経営に終わりはない」　藤沢武夫　文藝春秋
「ホンダの原点」　山本治　自動車産業研究所
「南極点」　ローアル・アムンセン　中田修訳　朝日文庫
「世界最悪の旅」　アプスレイ・チェリー＝ガラード　加納一郎訳　朝日文庫
「カーネギー自伝」　アンドリュー・カーネギー　坂西志保訳　中公文庫
「科学的管理法」　F・W・テーラー　上野陽一訳・編　産能大学出版部
「マネジメント思想の発展系譜」　上野一郎　日本能率協会
「3Mの挑戦」　野中郁次郎　清澤達夫　日本経済新聞社
「たかがビール　されどビール」　松井康雄　日刊工業新聞社
「なせばなる民営化JR東日本」　松田昌士　生産性出版
「国鉄改革の真実」　葛西敬之　中央公論新社
「古田ののびのびID野球」　古田敦也　学習研究社
「わが回想録」　平山秀雄　電波新聞社
「日本コンピュータの黎明」　田原総一朗　文春文庫
「富士通コンピュータ開発物語」　富士通経営研修所

本書は二〇一〇年一〇月に日本経済新聞出版社より
刊行された同名書籍を文庫化したものです。

日経ビジネス人文庫

58の物語《ものがたり》で学《まな》ぶ
リーダーの教科書《きょうかしょ》

2014年4月1日 第1刷発行
2016年1月18日 第5刷

著者
川村真二
かわむら・しんじ

発行者
斎藤修一

発行所
日本経済新聞出版社
東京都千代田区大手町1-3-7 〒100-8066
電話(03)3270-0251(代) http://www.nikkeibook.com/

ブックデザイン
荒井雅美（トモエキコウ）

印刷・製本
凸版印刷

Printed in Japan ISBN978-4-532-19726-1